如何说 孩子才会听,
怎么做 孩子才爱学

云朵◎编著

中国纺织出版社有限公司

内 容 提 要

没有教不好的孩子，只有不正确的教育方法。家庭教育中的很多问题，如亲子沟通困难、孩子不爱学习、学习能力差等，都需要父母做出反思，并对孩子进行引导。

本书正是针对很多家长的教育苦恼而编写，从孩子的日常生活和学习的方方面面入手，为家长们提供了可操作的解决方案。相信家长朋友只要调整心态，掌握方法，一定能从根本上疏导孩子在成长中遇到的问题，进而引导孩子身心健康地成长。

图书在版编目（CIP）数据

如何说孩子才会听，怎么做孩子才爱学／云朵编著. --北京：中国纺织出版社有限公司，2020.7
 ISBN 978-7-5180-7236-1

Ⅰ.①如… Ⅱ.①云… Ⅲ.①儿童教育—家庭教育 Ⅳ.①G782

中国版本图书馆CIP数据核字（2020）第043142号

责任编辑：江 飞　　责任校对：寇晨晨　　责任印制：储志伟

中国纺织出版社有限公司出版发行
地址：北京市朝阳区百子湾东里A407号楼　邮政编码：100124
销售电话：010—67004422　传真：010—87155801
http://www.c-textilep.com
中国纺织出版社天猫旗舰店
官方微博http://weibo.com/2119887771
三河市延风印装有限公司印刷　各地新华书店经销
2020年7月第1版第1次印刷
开本：880×1230　1/32　印张：7
字数：118千字　定价：39.80元

凡购本书，如有缺页、倒页、脱页，由本社图书营销中心调换

前言

生活中，我们经常听到一些父母抱怨："孩子越来越不听话，越大越难管了！""孩子现在习惯越来越坏了，完全不听话。""小小年纪就这样，长大还怎么管，简直是无法无天！""孩子不爱学习怎么办？"

其实，孩子越大越难管，孩子不听话、不爱学习这些家庭教育中的问题，很多时候与父母的教育方法有很大的关系，因为家庭是孩子人生的第一所学校，家长是孩子最重要的启蒙老师。教育心理学家总结过一段话。"父母对孩子的影响是潜移默化的，它不仅塑造着孩子的人生观和价值观，还描画着孩子看自己的表情，如果父母眼中的孩子正直自信，孩子就不会辜负这份信任；如果父母眼中的孩子懦弱无能，孩子就会对自己产生怀疑。"

不得不说，家庭教育不是一门简单的学问，需要认真对待。家庭教育的关键在家长，家长的方法和态度直接决定了能否和孩子融洽相处，能否使孩子顺利、健康、快乐地成长。

然而，我们发现，生活中在教育孩子的问题上，一些家长显得过于焦躁，孩子一旦出了什么问题，就乱了方寸，甚至与孩子斗气，以为大声呵斥就能让孩子听话，实际上，这些父母是否想过：你们要求孩子听话和了解你们的意思，但你们有没有了解过孩子的想法？

在考虑这一问题之前，我们不妨先反思一下：你是否唠叨？你与孩子的话题是否永远都是学习、听话？你是不是经常暗示孩子一定要考上大学？那你是否发现，孩子越来越不愿意和你交流？你的孩子是不是觉得你越来越"土"？之所以要求我们反思，是因为孩子在长大，或多或少会表现出逆反心理，我们越是要求他们，他们越不听。最好的做法是改变我们自己的做法，打开与孩子交流之门，缩短与孩子的心灵距离。

因此，在反思了我们的教育方法后，剩下的，就需要我们去理解孩子，去引导孩子。然而，很多家长又会产生疑惑，我到底该怎么做呢？这正是本书要阐述的重点，我们深知"道理千千条，不如一策良方更实用"这一道理。所以，本书并没有那些繁复的大道理，而是从家长的角度，为家长提供最实用、科学、更具操作性的教育方法。

本书就是从亲子交流和孩子的学习两个方面出发，呈现给家长教育孩子的一些具体内容和主要思想，没有教不好的孩子，只有不正确的教育方法。每个孩子都是天才，相信你的孩子，一定可以快乐、健康地成长！

编著者

2019年12月

目 录

上篇 这样说孩子才会听

第1章 高效的沟通,首先得有合适的沟通方法 _ 002

与孩子谈话,是世界上好的教育 _ 002

与孩子交流,别一味地唠叨 _ 006

与孩子沟通,选择一个合适的场所 _ 011

认真倾听,了解孩子心中的想法 _ 014

试着与孩子进行非语言沟通 _ 018

与孩子的好朋友保持沟通 _ 021

第2章 用心交流,孩子才愿意信任你 _ 026

再忙也不能忽视对孩子的关心 _ 026

表达信任,孩子才愿意敞开心扉 _ 029

增进亲子互动,在互动中穿插沟通 _ 032

对孩子的兴趣爱好表示支持 _ 036

闲谈式的情感交流,营造轻松的沟通氛围 _ 039

父母错了也要勇敢向孩子道歉 _ 043

第3章 平等对话，帮助孩子建立自信 _ 047

如何维护孩子的自尊心不被伤害 _ 047

别强迫孩子听话，孩子不是你的附属品 _ 051

尊重孩子，孩子也有隐私权 _ 054

关心和尊重孩子，让孩子对你敞开心扉 _ 058

给孩子尊严，培养自信的孩子 _ 061

让孩子参与家庭讨论 _ 064

第4章 换位思考，培养孩子好的性格和价值取向 _ 068

寓教于乐，会玩的孩子才会学 _ 068

辩证看待，真正了解孩子的"行为" _ 071

真正理解孩子，让孩子把你当自己人 _ 075

爱孩子，就别拿自己的孩子与别的孩子做比较 _ 078

敞开心扉，和孩子讲讲自己的心里话 _ 081

讲述自己的经历，用自己的经历引起孩子的沟通兴致 _ 084

第5章 给予建议式谈话，培养孩子的思维力和判断力 _ 088

允许孩子有一定的自由，不要过度干涉 _ 088

给予孩子真诚的建议，而不是命令 _ 091

给孩子发表自己意见的机会 _ 094

让孩子学会为自己"做主" _ 098

引导孩子自己思考、选择和决定 _ 101

下篇　这样引导孩子才爱学习

第6章　我为什么要学习啊？——引导孩子树立正确的学习动机 _ 108

　　让孩子明白他为谁而学习 _ 108

　　了解你的孩子为什么抗拒学习 _ 112

　　引导孩子去思考人生规划 _ 116

　　与孩子谈话，不要只关心学习 _ 120

　　努力发现孩子的兴趣爱好 _ 123

第7章　学习真是没意思啊！——重视培养孩子的学习兴趣 _ 128

　　激发孩子的学习兴趣 _ 128

　　让孩子爱上阅读 _ 132

　　为孩子营造一个轻松的家庭环境 _ 135

　　不要盲目报各种特色班 _ 138

　　教训少一些，指导多一些 _ 142

　　让课外学习与自学辅助孩子增长知识 _ 145

第8章　欲善其事，先利其器——帮助孩子找到最佳学习方法 _ 150

　　帮助孩子制订合理的学习计划 _ 150

　　孩子偏科，怎么纠正 _ 154

做好预复习，让听讲更有效率 _ 157

告诫孩子要有目标、有准备地学习 _ 161

让孩子学会听课和记笔记 _ 165

帮助孩子寻找适合自己的记忆方法 _ 169

第9章　对症下药——引导孩子树立不同学科的学习要领 _ 172

学好语文靠积累 _ 172

学好数学要细心 _ 176

学好英语要敢说 _ 181

学好物理、化学要联系实际 _ 185

让孩子学会在合作中学习，取长补短 _ 189

第10章　习惯真的很重要！——培养孩子良好的学习习惯 _ 194

鼓励孩子敢于质疑，开动大脑 _ 194

不让孩子养成粗心马虎的习惯 _ 198

重视培养孩子的观察习惯 _ 201

别让懒散成为孩子成长路上的绊脚石 _ 206

重视培养孩子的行动力 _ 211

参考文献 _ 216

上篇

这样说孩子才会听

如何说孩子才会听，怎么做孩子才爱学

第1章

高效的沟通，首先得有合适的沟通方法

教育心理学家曾说过："父母教育孩子最基本的形式，就是与孩子谈话。我深信世界上好的教育，是在和父母的谈话中不知不觉获得的。"的确，与孩子交流和沟通，是解决一切教育问题的良药。缺乏沟通，就缺乏了解，所有的教育都将无从谈起。孩子从幼儿变成儿童，处于独立意识的萌芽时期，此时，他们蓬勃成长，但也希望得到成人的尊重，作为父母，我们只有从孩子的心理角度出发，了解孩子身心发展的特点，才能找到与孩子沟通的关键与方法，才能更好地帮助孩子，使他们更加健康、快乐地成长。

与孩子谈话，是世界上好的教育

现代家庭，代际沟通似乎越来越困难，很多父母感叹："现在的孩子真是很不像话，小时候还好，尤其是大一点之后，自己的主意一下子多了起来，好好地同他讲道理，他却不以为然，道理比你还多，有时还把父母的话看成是没有意义的唠叨，总之一个字——烦！他嫌我们烦，我们因他的烦而烦，

第1章
高效的沟通，首先得有合适的沟通方法

一天也说不上几句话了。"

问题在哪里？是孩子的问题，还是父母的问题，还是沟通方法的问题？也许孩子不是一点问题都没有，但更多的问题可能出在父母身上。作为父母，你是否反思过，你是否曾愿意与孩子倾心长谈一次呢？当孩子还在襁褓中的时候，你一般会用故事、音乐、聊天来哄他入睡，等他变成儿童了，你是否还愿意抽出时间与孩子交流呢？如果在孩子入睡前我们能一起坐下来清理一天的"垃圾"，不让忧愁过夜，这是不是一种积极的生活态度呢？有一位教育家说过："父母教育孩子的最基本的形式，就是与孩子谈话。我深信世界上好的教育，是在和父母的谈话中不知不觉地获得的。"如何做到有效的沟通，是我们需要学习与探讨的。

林先生几年前和妻子离婚后，他独自带着孩子。一次，他在自己的一篇日记中写到和儿子沟通的过程：

"今天我又和儿子谈了很多，自从孩子上小学后，我深感和孩子沟通的困难，他似乎总是对我存在偏见。但经过这些天的沟通，他似乎理解我了，我也更深刻地明白了，和孩子沟通真的需要寻找最好的时机。以前，我去和儿子聊天，儿子总是一副不耐烦的样子，我还感叹和他的沟通怎么这么难。这会儿才明白，原来是我选的时机不对。就像这一次，一开始，我是

在客厅和他谈的，他正在看电视，就不可能太注意我的谈话，能搭几句就不错了。等到我们一起包饺子的时候，很安静，也没有别的事打扰，儿子就和我聊了很多，这是与以前无法相比的。

"而儿子的有些事也是我从来不知道的，包括以前老师对他做的一些事。还有，他告诉我，他要是考不上很好的大学，就出去干点什么，这是他从来没告诉我的，也是他对自己的将来做的打算。我就非常认真地告诉他，我会完全支持他做的决定，不过，现代社会，只有知识才是永恒的竞争力，书还是要读的，他好像听懂了，连连点头。

"和儿子聊了很多很多，我对儿子有了更深的了解。我也更有信心，儿子是非常优秀的，在许多事上虽然想得不全面，却有自己的见解。我知道，只要我坚持和孩子沟通，我和儿子之间的关系会越来越好，孩子的身心也会健康成长。"

在生活中，不少家长并不能和案例中这位父亲一样懂得反思家庭教育，正因为如此，造成了父母和孩子之间沟通的困难。

对此，教育心理学专家建议：

1. 找对谈话的时机

选择好的时机进行谈话是非常重要的，否则谈话达不到预期的目的。

一般情况下，家庭教育中出现的问题，越快解决越好，拖延下去，事情就会难办得多。

另外，从时间上来说，如果你想和孩子讨论一个严肃的话题，那么，最好不要在孩子傍晚刚到家的时候，因为上了一天课，他已经很累了，也难以集中注意力听你说什么，更不能很好地控制自己的情绪。

生理规律告诉我们，下午5点到7点是生理活动最低点，迫切需要补充营养，恢复体力。而晚饭过后，心情逐渐开朗，这是与孩子分享家庭幸福，进行沟通的好时机。

从心理需求来说，在孩子心理上最需要帮助和鼓励的时候沟通效果会好的多。

2. 选择一个合适的沟通场所

有些父母认为，和孩子说话，当然是选择家里了，其实，也不一定，如果家中无外人则可，但若有外人在场，则应考虑孩子的自尊心和感受。

那么，什么场合适于和孩子的谈话呢？

当然，这也视具体情况而定，如果你想表扬孩子，那么，可以选择人多的场合，但如果孩子容易自满的话，则另当别论了。如果是批评孩子，或者问题涉及孩子的隐私，那么，则应该私下沟通。

因为在无第三者的环境中更容易减少或打消其惶恐心理或戒备心理，从而有利于谈话的进行。这样还可以避免当众伤害孩子

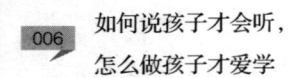

的自尊心，利于孩子说出心里话，加强父母和孩子之间的沟通。

另外，如果你需要和孩子静心交流、和孩子谈心的话，则应该选择一个平和安静、风景美丽的地方，因为这样的地方，可以让彼此心平气和，情绪稳定，心情舒畅，易于接受对方的意见。例如，利用周末或假期，带孩子到公园或风景游览区，一边游玩，一边说说悄悄话，这样的沟通和交流一定会取得很好的效果。

3. 每次只谈一个话题

有些父母认为，和孩子说话，机会难得，一定要多沟通。孩子虽然已经有了自我意识，但他们毕竟还是孩子，在同一时间内未必能接受父母的很多观点。另外，与孩子谈得太多，也容易引起他们的反感。

总之，父母和孩子沟通，一定要选择恰当的谈话时机和环境，这有助于给沟通创造一个良好的谈话氛围，心平气和地解决教育问题，同时，父母还应记住，即使再忙，每天都该抽出一点时间来和孩子进行沟通！

与孩子交流，别一味地唠叨

大宝是某小学三年级的学生，也是一个三口之家的独生子，他就是家里的"小皇帝"。爸爸妈妈生怕他遇到什么不开心或者委屈的事，可以说，除了工作外，他们把所有的精力都投入到了大宝的身上，而大宝也一直感觉自己很幸福。

可是自从大宝上了小学后，大宝的爸妈发现，儿子好像变了很多，好像心里总有很多秘密似的，而儿子也不主动与他们沟通了，这让他们很担忧。为了改善亲子关系，在大宝生日那天，他们特地带着大宝去了他最喜欢的自助餐厅。

来到餐厅后，妈妈取了很多大宝爱吃的食物，然后和爸爸一起对大宝说："生日快乐！"他们本以为大宝会开心地一笑，没想到大宝很冷淡地说了一句："谢谢！"这让他们很意外。

"为什么，你不开心吗？记得你以前最喜欢我们给你过生日了！"妈妈疑惑地问。

"没什么，吃吧！"大宝依旧低着头，轻声说。

"大宝，你要是遇到什么学习上的问题，一定要跟妈妈说。"妈妈继续说。

"真的没什么。"大宝已经有点不耐烦了。

"可是你今天真的很不对劲啊，你要是不跟我说的话，明天我去学校问老师。"

"你怎么总喜欢这样啊，烦不烦？"大宝的分贝提高了很多。

这时，爸爸打破了母子之间的尴尬，笑呵呵地说："我们儿子长大了啊！儿子说说，今天在学校都发生了什么新鲜事儿啊？"

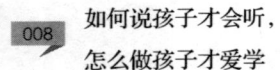

大宝抬起头，淡淡地说："没什么事儿，每天都一样上课、下课。"爸爸不知如何接话，饭桌上一片沉默。

我们发现，这段亲子间的对话，毫无效果，其实原因是多方面的，作为母亲，大宝的妈妈在沟通技巧上还有待学习与提高：干巴巴的道理唠叨个没完没了、讲话的语气咄咄逼人，这都会让孩子觉得你很烦，自然不愿与你继续交流。

作为父母，我们都知道，孩子毕竟还小，需要我们家长的呵护，尤其是处于心智尚未成熟的童年时期，一不小心，孩子就可能学习成绩下滑或者结交一些不良朋友等，因此，多数时候，我们都会对孩子的一举一动相当敏感，总是担心他们这个弄不好，那个弄不好的。其实作为父母应该相信孩子，给孩子独立的空间。有的时候孩子的一些行为，父母不认同。其实只要不是原则上的错误，不如让孩子自己去碰碰钉子。

其次，我们忽视的一点是，我们的孩子也是人，也希望得到他人的承认和尊重，他们也希望获得像"大人"一样的权利，因此，孩子最讨厌的就是父母的唠叨。他们会觉得父母很啰唆！

父母本来应是孩子最愿意倾诉衷肠的对象，但不少父母往往把关心当成了唠叨，甚至招来孩子的厌烦。虽然孩子也渴望倾诉、理解，但他们更需要父母采取正确的沟通方式，那么，

第1章
高效的沟通，首先得有合适的沟通方法

家长在这种情况下应该怎么做呢？

1. 少说话，善于察言观色

日常生活中，我们对孩子的关心不一定都要通过语言，我们不妨学会察言观色，从一些小细节上发现孩子细微的变化。

另外，即使与孩子交流，我们也要对孩子的反应敏感些。当孩子对谈话内容感兴趣时，可将话题引向深入处，一旦发现孩子有厌烦情绪，就应立即停止，或转移话题，以免前功尽弃。即使找到交流的话题，也应力求谈话简短有趣、目的明确，切忌啰唆，以免造成切入点选择准确，但交流效果不佳的情况。

2. 用"小纸条"代替你的唠叨

沟通不一定是"用嘴说"，用小纸条也是不错的方法。

小杰生长在单亲家庭，他的母亲在他三岁的时候就离开了。他的父亲就身兼母职，独自抚养小杰，但父亲因为经常出差，出门前总会在冰箱上留一个便条："里面有一杯牛奶，三个西红柿，请不要忘记吃水果。"在写字台上留张条："请注意坐姿，别忘了做眼保健操。"

多年以后，小杰考上了大学，父亲为他整理东西时，竟然发现他把这些纸条全揭下来并完整地夹在书本中。父亲的眼睛一下子湿润了，原来孩子的情感之门始终是向自己敞开的，对自己的关爱也始终珍藏在心底。

3. 关心孩子不一定非得询问学习状况

2007年《钱江晚报》曾经发表过一个有关调查，结论是："在与孩子沟通的问题上，家长指导孩子学习的占70%，这就是问题的症结所在。"其实，在孩子成长的过程中，成绩固然重要，但是成才应该是全方位的，只看重孩子的成绩，极易产生负面的"蝴蝶效应"。任何父母，在对孩子进行家庭教育的过程中都要避免这一点。

为此，作为父母，我们在与孩子沟通的过程中，也要关注孩子除了学习以外的其他方面，如果你的儿子是个球迷，那么，你可以默默地帮孩子搜集一些信息，孩子在感激后自然愿意与你一起讨论球技、赛事等；如果你的孩子爱唱歌，你可以在节假日为孩子买一张他喜欢的歌星的演唱会门票，相信你的孩子一定倍受感动，因为他的父母很贴心、明事理。

这种类型的交流是"润物细无声"的，它没有居高临下的威迫感，极具亲和力，孩子也容易敞开心扉，接受与父母的交流。

当然，让孩子敞开心扉，与孩子交流的方式、方法远不止这些。但总的原则是：一定要让孩子觉得父母是在真正地关心他，并且是从心底里关心他。

第1章
高效的沟通，首先得有合适的沟通方法

与孩子沟通，选择一个合适的场所

柳女士自从生完孩子之后，就去了国外工作，而她的儿子牛牛也就被送到了外婆家照顾。这几年，柳女士的工作重心开始转移到国内，正好此时牛牛也要上小学了，柳女士意识到孩子教育的重要性，所以，就回国了。

妈妈从国外回来陪自己，这让牛牛很开心，可是牛牛好像总是和妈妈有点生分。最近，柳女士让牛牛参加学校的口算大赛，当她问儿子的想法时，没想到儿子这么回答："妈妈，我不想参加。"

"能告诉我原因吗？"

"没有为什么，就是不想参加。"牛牛的回答让柳女士很不高兴。

"为什么？你还好意思问，你这两年住在家里，这孩子一点都不高兴，无论是考试，还是大大小小的比赛，只要发挥得不好，你就责怪他，还在亲戚面前说他。他已经八岁了，是有自尊的，我只知道我那个活泼、自信、开朗的外孙已经不见了，这孩子现在一点自信都没有，还参加什么大赛？"在厨房干活的牛牛外婆生气地对女儿说了这一番话，柳女士沉默了。

为人父母，我们除了给孩子生命，还需要教育他们，而儿子犯错了，批评管教少不得，然而孩子的心灵是脆弱的，我们批评教育孩子，一定要选择好场所，不可伤害孩子的自尊。

的确，不少父母感叹，现在的孩子是不是青春期越来越提前了，就连儿童也开始有逆反情绪了！其实，对于儿童来说，他们也开始逐渐产生自我意识，他们对父母和老师之言不再"唯命是从"了，往往嫌父母和老师管得太严、太啰唆，对家长和老师的教育容易产生逆反心理。他们有什么心里话不愿意向别人诉说，对于父母和老师的批评与劝导，不像以前虚心接受，甚至产生抵触、不顺从的情绪。更为严重的是，有些孩子会对父母产生对抗情绪，即你要求我怎样，我偏不这样，而有些不理解孩子的父母，愈加控制孩子，直接影响孩子与其之间的关系，以致离家出走，离校出走，甚至走上犯罪的道路。

为此，很多父母都感叹：到底怎样和孩子沟通？其实，很多时候，只有沟通的愿望是不够的，还要讲究方法，而选择合适的沟通场所就是其中一个要求。

有些父母认为，和孩子说话，当然是选择家里了，其实，也不一定，要视具体情况而定。

方法一：表扬孩子的话，在人前说。

哪怕是孩子，也知道什么是面子，当他们获得了好成绩后，他们都希望得到父母的肯定，希望获得他人的认同，如果我们能理解孩子的这种心理，在人前表扬他，让大家看到他的成绩，一定让他更有自信。

方法二：批评孩子的话，关起门来说。

有位家长在谈到教育孩子的心得时说：

"有一天晚上，吃过晚饭以后，我打开自己的邮箱，发现有儿子的一封信，信的内容是：'妈妈我给你说件事，你以后别在人家面前说我不听话，不然很没面子。'我很庆幸，孩子能给我提出来，而不是闷在心里。但同时心里也好酸，心情也久久无法平静，从前真的没有考虑儿子的感受，他已经十三岁了，也知道什么是面子，孩子的心是多么地敏感脆弱。于是，我给儿子回了封信，向他保证以后不在人家面前说他不听话了。"

的确，任何孩子都是渴望表扬的，他们都有自尊心。与孩子沟通，尤其是批评孩子时，我们一定要选择好场所，不可在人前批评，伤害孩子的自尊心。

总的来说，我们与孩子沟通，一定要看具体情况选择场所，另外，如果你需要和孩子静心交流、和孩子谈心的话，则应该选择一个平和安静、风景美丽的地方，因为这样的地方，可以让彼此心平气和，情绪稳定，心情舒畅，易于接受对方的意见。

认真倾听，了解孩子心中的想法

小辉似乎上了三年级以后，变得越来越不听话了，经常在学校惹事，他的爸爸也经常被老师请去，这不，小辉又在学校打架了。回家后，爸爸并没有训斥小辉，而是心平气和地把小辉叫到身边。

"我知道，老师肯定又把你请去了，我今天是少不了一顿打。"儿子先开了口。

"不，我不会打你，你都这么大了，再说，我为什么要打你呢？"爸爸反问道。

"我在学校打架，给你丢脸了呀。"

"我相信你不是无缘无故打架的，对方肯定也有做得不对的地方，是吗？"

"是的，我很生气。"

"那你能告诉爸爸为什么和人打架吗？"

"他们都知道你和妈妈离婚了，然后就在背地里取笑我。今天，正好被我撞上了，我就让他们道歉，可是，他们反倒说得更厉害了，我一气之下就和他们打了起来。"儿子解释道。

"都是爸爸的错，爸爸错怪你了，以后别的同学说的那些闲言闲语你不要听，努力学习，学习成绩好了，就没人敢轻视你了，知道吗？"

第1章
高效的沟通，首先得有合适的沟通方法

"我知道了，爸爸，谢谢你的理解。"

可以说，小辉的爸爸是个懂得理解与倾听孩子心声的好爸爸，孩子犯了错，他并没有选择粗暴的责问、无情的惩罚，而是选择了倾听。在倾听中表达了对孩子的理解，让孩子感受到了爱、宽容、耐心和激励。试想，如果他在被老师请去学校以后就大发雷霆，不分青红皂白地将孩子打骂一顿，结果会是怎样呢？结果可能是父子之间的距离越来越远，孩子的逆反行为也可能越来越明显。

但现实生活中，这样的家长又有多少呢？随着现代社会发展的加快、竞争压力的加大，作为家长，为了给孩子一个优越的生活环境，常常由于工作忙碌而忽视了与孩子的沟通。父母是孩子的第一任老师，也是孩子接触时间最长的朋友，在孩子成长的过程中，最需要的就是父母的关心，最愿意与之交流的也是父母。对于儿童时代的孩子来说，随着他们进入学习之后，有了一定的自我意识。如果缺少父母的理解，那么，亲子关系就会越发紧张，甚至对孩子的成长会产生不利影响。

可见，父母不愿倾听、理解孩子的最终结果可能是失去了"倾听"的机会。常有家长这样抱怨："真不知道我家孩子是怎么想的，总是不肯好好听我说话。"对此，父母应该反问自己：作为家长，你有没有听过孩子说话？我们把大量的时间用来批评和教育孩子，却忽略了倾听。父母应该做的不仅仅是为孩子提供良好的物质生活，同时，应该去倾听孩子的内心，让彼此间的心灵更为亲近。

为此，教育心理学家建议家长：

1. 放下父母的架子，平等地与孩子沟通

生活中，很多孩子说："每次，我想跟爸妈谈谈心，刚开始还能好好说话，可是爸妈似乎都是以教训的口气跟我说话，我还没说完，他们就开始以父母的身份来教育我了，我真受不了。"其实，这些家长就是不懂得如何倾听，倾听的首要前提就是要和孩子平等地对话，这才能达到双向交流的目的，和孩子发生矛盾在所难免，但要等孩子把话说话，再提出解决的办法，这才会让孩子感受到被尊重。

作为父母，一定要放下架子，主动与孩子交流，然后认真倾听，只有让孩子体会到家长对自己的尊重，孩子才能更加信任家长，达到和家长以心换心、以长为友的效果。在这种条件下，孩子对家长完全消除隔膜、敞开心扉，培养的过程因此将成为一种非常美好的享受。

2. 摒弃成见，孩子的想法未必不正确

作为大人，很多时候，会认为孩子的想法是不对的，甚至是不符合常规的，抱着这样的心态，在倾听孩子说话的时候，会有一种先入为主的想法，会把孩子的话摆在一个"幼稚可笑"的立场，孩子自然得不到理解。其实孩子也是人，孩子也有一个丰富的心灵,我们要特别注意倾听他们的心声。

3. 善用停、看、听三部曲

在家庭生活中,我们要细心观察,一旦发现孩子情绪不佳,就要察觉出来,然后主动接触孩子,运用停、看、听三部曲来完成亲子沟通。

"停"是暂时放下你手头正在做的事,然后表达对孩子的关注和关心。

"看"是仔细观察孩子的表情、动作、手势、语言等,以此来了解孩子此时的情绪。

"听"是专心倾听孩子说什么、说话的语气声调,同时以简短的语句反馈给孩子。

可能你的孩子做得不对,但作为家长,不要急于批评孩子,应该在倾听之后,对孩子表达你的理解,在孩子接纳你、信任你之后,你再以柔和坚定的态度和孩子商讨解决之道,从而激励孩子反省自己,帮助他从错误中学习成长。

其实,每一个孩子都希望得到父母的理解,因此,从现在起,每天哪怕抽出2小时、1小时,甚至是30分钟都好,做孩子的听众和朋友,倾听孩子心中的想法,忧其所忧,乐其所乐,当孩子有安全感或信任感时,就会向其信任的成年人诉说心灵的秘密。这样,才有可能经常倾听到孩子的心灵之音,你的孩子才会在你的爱中不断健康、快乐地成长!

试着与孩子进行非语言沟通

有一天,快下班的时候,办公室里几个妈妈闲聊起来。

其中一个妈妈说:"最近我们小区要组织一个小学生训练营,有很多内容,是我都不知道的,其中,就有一个什么,和孩子使用非语言的交流方式。"

"那是什么啊?"

"在孩子小的时候,我们都愿意去抱抱孩子,亲亲孩子,那时候,孩子与我们的关系是那么的密切,小家伙们一天都离不开妈妈,可是,现在,孩子上小学了,我们照顾孩子的时间也少了,可孩子离我们也远了,我们还记得每天晚上在孩子睡觉前亲一下他的脸颊吗?当孩子受到挫折时,我们有给孩子一个安慰的拥抱吗?"

"是啊,似乎我们把这些都遗忘了,我们要拾起那些我们遗失的爱,孩子肯定还会重新回到我们的怀抱的……"

语言是我们沟通的常用工具,但人类除了语言,还有其他的交流工具,那就是身体语言。一颦一笑甚至一个眼神,都体现了某种情感,某个想法,某个态度。

生活中,想必很多父母都认为,语言给人们提供了大部分信息,但其实并不是如此。语言学家艾伯特·梅瑞宾的研究表明，人与人之间的沟通，通过语言沟通实现的只有7%，而高达93%的传递方式是非语言的。在非语言沟通中，也只有38%是通过音调的高低进行的，有55%是通过肢体、手势、微表情实现的。

作为父母，你是否发现，当孩子还小的时候，我们会特别留意他，会留意孩子的声调、面部表情、动作、姿势等，会用自己的行动表达对孩子的爱，可当孩子逐渐长大、不再是儿童时，我们反倒把这种表达爱的方式搁浅了，而这种细微的变化，很多父母都没有注意到，而孩子在离我们越来越远。大多数情况则是，孩子甚至产生叛逆的情绪，很多家长抱怨说："都说孩子进入青春期之后就容易'较劲'，但我发现我家孩子对别人都是好好的，但一回到家里就专门跟我对着干，就好像他'较劲'的对象主要就是我一样。"事实上，没有教不好的孩子，只有不正确的教育方法。只要方法妥当，任何孩子都是优秀的；只要用心，总能找到合适的教育方法，而孩子更需要的是家长的爱和关心。

由此可见，非语言信息在与孩子沟通过程中是多么重要。然而，一份社会调查却显示，在亲子之间的沟通中，非语言沟通常常被忽视。当然，这一现状的造成也与孩子有很大的关系。

不得不说，不少父母一直采用错误的非语言沟通方式与孩子交流，如经常向孩子发脾气、拍桌子、摔东西等，这些都会被孩子理解成你极度嫌弃他的信号。这些非语言行为都是拒绝沟通的信息，因此它更会阻碍亲子之间的沟通，破坏亲子关系。那么，父母该怎样与孩子进行身体语言沟通呢？

1. 多用眼神鼓励孩子

身体接触往往比语言能更好地表情达意。有时候，哪怕你一个鼓励的眼神和微笑，都会让你的孩子充满无穷的动力。因此，聪明的父母总是在某些时刻给孩子一个肯定、坚毅的眼神，让孩子更自信。

2. 给孩子一个拥抱，给他力量

家庭教育中，如当孩子考试成绩很好，我们理所当然会表扬孩子，此时，大部分家庭会说："儿子你真棒，妈妈因为你而骄傲！"孩子确实很高兴，但激励的效果远不如给他一个拥抱来得好，因为一味地语言激励，孩子很快会忘记，而一个拥抱，让孩子记忆更深刻。

3. 用握手向孩子表达友好

研究表明，人与人之间肢体的接触能增加人与人之间的亲近感，而初次见面的人，如果能握手，就会强化好感，那些主动伸出双手的人，会被认为更热情。

想必大多数父母也明白握手是一种表达友好的方式，是平等沟通的一个表现。同样，我们的孩子虽然还小，但也希望能和父母平等地对话，因此，日常生活中，如果我们能把这一非语言沟通形式运用到对孩子的培养中，相信能起到一定的积极作用。

总之，在生活中，尝试着用非语言的方式与孩子沟通，家长需要注意以下三点：

第一，尝试以身体接触代替言语交流。

第二，有些孩子不喜欢太多的拥抱，别强迫他这样做。尝试寻找其他与之亲近、感受亲密、向他表达爱的方式。

第三，当身体接触的习惯已经消失，在睡觉前或看电视，甚至只是紧挨着你的孩子坐时，轻轻抚摸他的前额、脑袋或手，可以使身体接触的习惯重新回到你们家中。

与孩子的好朋友保持沟通

丹丹与丽丽是很好的朋友，她们从小一起长大，上小学后，又在同一个班级，但是她们二人的个性差异却很大，丽丽活泼开朗，丹丹却不爱说话。

最近，丹丹妈妈发现女儿变得很奇怪，除了吃饭时间，她几乎不出自己的房间。不仅如此，她对妈妈的态度十分冷淡，有时候，妈妈跟她说上半天话，她才会勉强答一句。

周末，丽丽来找丹丹玩，趁着女儿下楼买水果的空当，丹丹妈妈悄悄问丽丽："丽丽，丹丹这几天是怎么了，对我好像有很大意见呀。你们是好朋友，她一定告诉你了。"

"阿姨，丹丹是告诉我了，可是我不知道该不该告诉你。"丽丽有点为难地说。

"只有你告诉我了，我才知道问题出在哪里，才能帮丹丹摆脱烦恼呀，你愿意帮助你的好朋友吗？"

"是这样的，阿姨，我们已经长大了，也有自己的隐私了，也懂得自理了，尤其是内衣和袜子，她希望可以自己洗，她曾暗示过你好多次，但你好像都没有明白她的意思。"

妈妈这才恍然大悟，怪不得上次还发现女儿把内衣放在被子里，原来是想自己洗。这下，她知道如何调解与女儿之间的矛盾了。

这种情况可能很多家长都遇到过，聪明的家长，当自己和孩子无法沟通时，会懂得从孩子身边的朋友"下手"，找到和孩子之间的症结所在，案例中的丹丹妈妈就是个聪明的家长，当她发现女儿有心事而拒绝与自己沟通时，她选择了向女儿的好朋友丽丽求助，这不失为一个沟通的良方。

可能很多家长都发现了，孩子上学以后，似乎变了不少，变得不喜欢黏着父母，甚至变得好像与父母相隔千里，过去无话不讲的孩子突然不说话了，避免交谈，放学后回到家，就一头扎进自己的屋子里，甚至宁愿把那些心事告诉朋友，也不愿意与父母交流，对此，很多父母不解，更多的是不知所措。

其实，出现这些现象是有原因的，虽然我们都知道青春期的孩子开始疏远父母，但其实，学龄阶段的孩子都是如此，对于一些年幼的孩子来说，他们固然天真无邪，但他们毕竟开始上学，接触同学、老师和朋友，也自然有了成长的烦恼；同时，来自学习的压力、家长的期望，这些都会对还不成熟的孩子产生压力，于是，他们需要发泄，需要向他人倾诉。但是他们不好意思向家长诉说这些事情，而且，就算他们愿意向家长诉说，大部分家长并不能以正确的态度对待孩子的这些问题。听到孩子的这些"心事"，他们要么训斥孩子"不务正业"，要么嘲笑孩子，总之会使孩子很尴尬。所以，这些孩子宁愿把"心事"讲给陌生人听，也不愿意告诉家长。

有心理学家经过跟踪研究发现，对于12岁以前的孩子，也就是处于青春期以前的孩子，他们很多不愿意与父母沟通，而这也是向青春期的过渡阶段，此时，如果父母没有打开与孩子沟通的通道，青春期时亲子间的隔阂就会越来越严重，青春期后，父母与孩子的心理距离就会更大。对于不愿意沟通的孩子，我们可以与孩子的好朋友保持沟通，是一个家长可以掌握的孩子心理变化的巧妙方法。

人以群分，同龄的孩子之间往往有更多的语言，他们面临的是同样的学习环境,成长中共同的烦恼,因而他们都愿意向朋友或者同学倾诉自己的心事,因为他们会得到理解。然而,孩子们一般都很注重友谊,不愿意把朋友托付给自己的秘密透露给他人,可见,父母要想和孩子的朋友沟通、了解孩子的内心,是需要下一番"功夫"的,对此,家长可以这样做:

方法一:晓之以理,动之以情,让孩子的朋友了解你善意的动机。

和案例中的丹丹妈妈一样,当丽丽不肯"出卖"朋友告诉自己丹丹的秘密时,她以一句"只有你告诉我了,我才知道问题出在哪里,才能使丹丹摆脱烦恼呀,你愿意帮助你的好朋友吗?"这样的理由打动了丽丽,因为她也希望可以帮助好朋友。孩子都是单纯的,当他了解你善意的动机后,一般都会愿意与你"合作",为自己的朋友解决问题。

方法二:尊重孩子的隐私,有些秘密不可窥探。

我们提倡家长与孩子的好朋友保持沟通,并不是要家长去窥视孩子的秘密。孩子拥有秘密是很正常的事情,家长即使知道了这一秘密,也不可说出来,这样,孩子会体会到你对他的尊重,有时候,他会主动谈及自己的某些秘密,而不需要你通过他的朋友了解。

方法三:"秘密"沟通,绕开孩子,了解他的心理变化。

和孩子的朋友保持沟通,并不是监视孩子,而是了解孩子

第1章
高效的沟通，首先得有合适的沟通方法

的心理变化，以便及时引导孩子。因此，父母最好不要让孩子知道，因为孩子并不能理解父母的良苦用心，甚至会激怒他，导致孩子与朋友之间的友谊产生危机。此时，你的好心可能就办了坏事。

其实，孩子的秘密之所以不愿意让家长知道，是因为家长总是用高高在上的姿态去教育他们。但如果家长将自己高高在上的指导者身份转化为地位平等的朋友，也许孩子就会把自己的小秘密告诉家长。所以，家长与孩子好朋友保持沟通的目的，是增加了解孩子心理变化的渠道，为做孩子的知心朋友打下基础。

第2章

用心交流，孩子才愿意信任你

不少父母感叹，孩子越长大越孤单，不再像小时候那样向自己倾诉了，甚至开始对成人的教育产生质疑，其实，他们是渴望倾诉的，由于父母错误的说话和交流方式，他们无法与成人之间建立信任，这需要我们家长反思。作为父母，我们教育孩子，除了要给孩子一个好的成长环境外，还要做到用心与孩子交流，体贴和帮助孩子，只有这样，才能让孩子对你敞开心扉。

再忙也不能忽视对孩子的关心

玲玲是个可爱的女孩，现在的她已经8岁了，在学校很喜欢交朋友，在外面也喜欢跟人聊天，因此，谁见了她都喜欢，但不到一会儿，她就表现出黏人的样子，甚至想一整天跟别人在一起，于是，很少有小伙伴和同学愿意跟她玩。

其实，玲玲很孤单，在一岁的时候，爸爸妈妈就出国了，然后把她丢给了表姨，而表姨也很忙，家里只有一个保姆，保姆除了给玲玲做饭外，基本不跟玲玲说话，所以她特别渴望跟人说话和交流，渴望被关心，久而久之就形成了黏人的性格。

从心理学的角度来分析，玲玲之所以会养成过度依赖的性格，是和父母对她的教育有极大关系的，她的父母因为太忙没有给她足够的爱，导致她逐渐养成了这种黏人的性格。

我们不得不承认，孩子在成长的过程中，总是会遇到这样或那样的问题，这需要身为父母的我们进行引导，对孩子脆弱的心灵进行呵护。不难发现，一些父母，因为忙碌的工作而忽视了与孩子的沟通，他们认为，教育孩子，只要让他们努力学习即可。实际上，学习知识只是对孩子教育的一个方面而已，家庭教育的一个重要职责是让孩子拥有健康的心理素质和独立完善的人格，否则，孩子永远无法独立于世。

北京大学儿童青少年卫生研究所最新公布的《中学生自杀现象调查分析报告》显示：5个中学生中就有一个人曾经考虑过自杀，占样本总数的20.4%，而为自杀做过计划的占6.5%。其根源都与心理承受力有关。

我们的孩子将来会生活在一个更多变的社会，他们将会面对职场的激烈竞争，复杂的人际关系，也免不了一生中遭遇情场失意，事业困境，生意败北……家长不可能一直陪伴孩子，如果孩子没有过硬的心理素质和健康的心理状态，如何在这样激烈的竞争中取胜呢？

所以，作为父母，我们要时刻观察孩子的行为动态和心理变化，关注他们的身心健康，要关注孩子，让孩子感受到来自父母的爱，一旦发现他们出现了心理问题的苗头，就要及时做好指路人，帮孩子疏导心理问题，以防问题积压，酿成大错。

作为家长，要这样做：

1. 为孩子营造和谐的家庭环境，让孩子愿意与父母沟通

父母、家庭成员之间相亲相爱、关系和谐，这是融化孩子所有问题的前提，事实上，在这样的环境下成长的孩子出现心理问题的概率更小。对此，专家建议，家长应为孩子营造一个安定、和谐、温馨的家庭氛围，要让孩子一颗纷乱的心安定下来，这样孩子才愿意与父母沟通，也才愿意敞开心扉接纳来自父母的帮助。

2. 随时观察孩子的情绪和心理变化

在生活中，父母不要只关心孩子的学习成绩、名次，还要关心他们的情绪变化，如孩子在学校有没有受到什么委屈，学习上是不是有挫败感，最近跟哪些人打交道等。当然，了解这些问题，我们要通过正面与孩子沟通的方法，不要命令孩子告知，也不可窥探，只有让孩子真正感受到来自父母的关心，他们才愿意向你倾诉想法。

事实上，我们的孩子都是脆弱的、敏感的、容易受伤的，当孩子出现不良情绪时，你要让孩子尽情宣泄，而不要说"别哭别哭""男孩子不能哭"这样的话。告诉孩子："我知道你很难过。"或者什么都别说，给孩子独处的空间和时间去消化

自己的情绪,帮孩子轻轻带上门就好。

3. 压力是百病之源,帮孩子卸下心理压力

曾经有这样一则调查报告称:在被访的学生中,35%的学生称"做中学生很累",有34%的学生表示有时"因功课太多而忍不住想哭",对于孩子遇到的高强度的学习压力,不少父母给予的并不是理解,而是继续施压,让很多父母恐慌的是,在被调查的学生中,竟然还有1/5的学生有过"不想学习想自杀"的念头。

总之,作为父母要明白,家庭教育对孩子极为重要,我们无论多忙,也要重视与孩子沟通,而在平时也要注意观察孩子的情绪、心理情况。如果发现孩子出现情绪、心理问题,首先要从自身找原因,然后与孩子进行沟通,帮助孩子找到适合他的、科学的教育方法。

表达信任,孩子才愿意敞开心扉

菲菲的妈妈最近很头疼,女儿一直在和她冷战,而她自己也感到无法和女儿交流。其实,事情是起源于母女之间一场激烈的争吵。

这天,妈妈下班刚到家,菲菲就说想参加学校的歌唱比

赛，而比赛的一等奖奖品是她心仪已久的儿童手表，对此，妈妈很不耐烦地说："别去了，想要手表，我给你买就是了。"事后，菲菲妈妈在谈起这件事时说当时自己就是没解释、没商量也没了解孩子的心理。结果，当她一说完，菲菲就掉下了眼泪。看到她这样，妈妈更生气了！"你认为你能行吗？"就这样，她一句，我一句，各说各的理，嗓门越说越大，声音越来越高。一气之下，妈妈说："我不管了，让你爸爸管吧！"听到妈妈这么说，菲菲也大声回了她一句："你不相信我就是不相信你自己！"

这位女儿的话不无道理，孩子是父母一手教出来的，对孩子能力的否定同样是对自己的能力甚至是教育能力的否定，只有相信自己的孩子，给他尝试的机会，孩子才有历练的机会，他才会成长得更快。

的确，我们每个人，当了父母，就开始了自我修炼的过程，在这一过程中，孩子在成长，当父母的也在成长，尤其是，我们都要学会与孩子沟通。孩子很多的看似"脱轨"的行为，我们都要辩证地看待，并学会重视孩子的情绪，不要只看到孩子表达中的问题和不足的地方，最重要的是，我们在扮演父母这一角色时，要常自我反省，反省自己是否扮演得恰如其分，在这些修炼中，对孩子的信任无疑是最基本的，信任是亲子间沟通的基础。

相信你的孩子，就是相信你自己，这是对孩子也是对作为家长的你的肯定，倘若没有人对孩子的能力表现出最初的信任，认为他值得得到爱、支持和关注，任何孩子都不可能相信自己。

成长是一个美妙的过程，而对于作为教育者的父母来说，这个过程却是艰辛而忙碌的。懵懂的孩子，要面对太多诱惑，经历太多挫折。正如案例中这位妈妈一样，家长要想不"丢失"自己的孩子，光靠管束和告诫是行不通的。要了解孩子的思想，就必须和孩子之间建立起互相联系的"精神脐带"——沟通，不断地给孩子输送父母爱的滋养。

孩子的自尊心较强，会自然而然地认为自己能干和可爱，拥有明确、正面的自我意识，从积极的角度看待自己。自信的孩子对自己能够做成什么样的事情、取得什么样的成就持乐观态度。他们可以提高自己的要求，坚守自己的原则，开发自身的潜能。缺乏自信的孩子充满全面的自我怀疑，这使得他们易于产生内疚、羞愧之感，觉得自己不如他人。生活中，很多父母认为自己是爱孩子的，但却误解了什么是真正平等地去对待自己的孩子，他们以为蹲下来和孩子讲话就是沟通，其实那只是形式上的平等，事实上，他们并没有真正以平等的心去对待孩子，因为他们不相信自己的孩子。

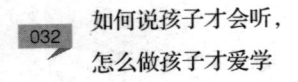

家长要信任自己的孩子,就应该明确以下三点内容:

(1)信任和相信他决断事情的能力、完成任务的能力、自己照顾自己的能力,以及当他足够大时负责任的能力。

(2)以他确信的方式向他表明你爱他、喜欢他。

(3)当心如下的想法:"我以前没有得到过或不需要他人帮助,他也一样。"他与你是不同的。而且,没有得到他人帮助的人常常将之说成"不需要他人帮助",以掩饰自己的失望。这就告诉父母,相信孩子,并不是对其放任自流,而应该给孩子足够的爱。

做到以上这些,父母必须从爱的基点出发,发现、发掘、抓住、肯定孩子的每一个优点和每一点进步;相信孩子的表现形式和落脚点就在于对孩子的赞许、鼓励、夸奖、表扬……相信你的孩子,才是真正地爱他,孩子也才愿意对你敞开心扉!

增进亲子互动,在互动中穿插沟通

有这样一个情节:

一个秋天的黄昏,爸爸牵着女儿的手在小区散步。

秋高气爽,树叶开始一片片掉落。

女儿问:"爸爸,为什么这些树叶会落下来呀?"

第2章
用心交流，孩子才愿意信任你

"因为秋天到了，天气凉了，大树要保存足够的能量过冬。为了使自己不至于被冻死，它只好忍痛割爱，把这些耗费能量的树叶先扔掉了。"

听了爸爸的解释，女儿若有所悟地点了点头。

随后，爸爸反问女儿："你说为什么这些树叶是向下落，而不是向上落呢？"

女儿摇着头问："爸爸，这是为什么呀？"

这时，爸爸把一本早已经准备好的《十万个为什么》交到她手中，并对她说："它会告诉你。"

从那以后，女儿的问题仍然很多，但遇到问题时，她已经不再问爸爸了，而是自己去《十万个为什么》中寻找答案。

案例中，这位父亲教育孩子的方法值得我们学习，在亲子互动与沟通间让孩子学到知识，这里虽然他为女儿详细解答了问题，但他却没有让女儿满足现有的答案，而是继续给女儿制造疑问，让她的探索一直延续下去。这样，孩子的学习欲望永远不会停止。

教育心理学家指出，父母教育孩子最好的方法就是互动，让孩子感受到平等和尊重，他们便会对你产生信任，进而愿意与你沟通成长中的问题。

那么，家长可以与孩子进行哪些亲子活动呢？

1. 与孩子一起孩子读书

这样,父母往往会把自己的读书兴趣和习惯传递给孩子,孩子会在潜移默化中受到影响。美好的亲子阅读时光和互动,不仅能让孩子自由地发问、思考,而且能增进亲子感情。父母对书中内容的引导,会给孩子留下深刻的印象。

2. 互动游戏

让孩子在游戏中学知识。每个孩子都不喜欢枯燥的学习形式,父母和他一起游戏,就能够在欢乐的气氛中把知识传递给孩子,当然,这种游戏只适合年龄尚小的孩子,游戏也并不是网络游戏。

3. 多带孩子出去走走

有人说,读万卷书,不如走万里路。其实,哪一样都很重要。孩子的日常读书是一个持续的过程,而孩子小的时候对大自然的欣赏、对民俗风情的理解以及对另一环境里人们生活状态的认识,都会对孩子未来的生活和职业选择产生影响。

4. 尝试着用非语言表达你对孩子的爱

生活中,如果你的孩子取得了一个好成绩,做父母的,需要赞扬、鼓励他,这时,如果家长单纯地用语言与孩子沟通,告诉孩子:"孩子,你真棒,妈妈因为你而骄傲!"他也会很高兴,但是这种高兴劲也许没过多久就被他忘记;如果父母运用非语言沟通,微笑地走到孩子面前,给他一个拥抱,然后再告诉他:"孩子,妈妈为你而骄傲。"这样,他将永远记得妈妈对他的赏识和鼓励。

5. 让孩子学会多探索,多记忆

(1)多种方式让孩子探索。孩子的记忆力是超过父母想象的,他们在用眼睛看、耳朵听的同时,还在积极思考。所以,父母可以通过各种方式让孩子在知识的海洋中探索。

(2)营造与孩子的亲密时光。孩子越大,越渴望与父母交流,只是很多父母忽视了孩子的这种需要。

(3)全面看待孩子的"坏"习惯。孩子不是完美的,总会有这样或那样的"毛病"。比如,喜欢接话茬。如果我们完全禁止他,要他闭嘴,这在一定程度上会挫伤他的积极性。家长只有教导他如何正确表达自己的看法,他才会更好地发挥自己的优点。

6. 丰富孩子的课余生活

家长可以根据孩子的特性培养他的一些爱好。比如,如果孩子情感细腻,你可以培养他的鉴赏能力,陪他读书,让他听名家的琴曲,这样,虽说不能培养出"琴棋书画"样样精通的孩子,但是这对孩子性格修养、丰富孩子的精神世界和良好的心态都是有益的。

总之,父母要认识到,孩子的成长需要我们成人的参与,而互动能帮助我们拉近亲子关系,帮助我们打开孩子的心扉,进而对孩子的成长起到积极作用!

对孩子的兴趣爱好表示支持

下面是一些家长在谈到家庭教育时的心得:

"很多年前,我给在上幼儿园的女儿买了一个生日礼物——芭比娃娃,接下来的日子我发现女儿经常给娃娃做新衣服,她做的衣服剪裁还不够细致,针脚也不够整齐,可是非常有创意,她也很善于搭配色彩和花纹,而现在的她让我感到很骄傲,她已经是国内某知名品牌的服装设计总监了。"

"莉莉八岁的时候,我给她做了一块小黑板,从此她每天都教邻居家分别四岁和五岁的小男孩识字,后来,她就为自己树立了一个梦想——人民教师,现在她正在就读师范专业,很快她的理想就能实现了。"

"一天晚上,我在厨房做晚饭,听到客厅传来并不是很好听的歌声,我走进客厅,看到我十岁的女儿在随着伴奏的音乐唱歌,我马上对她说:'宝贝,你唱得简直太棒了!'现在她已经出了自己的专辑,我是她忠实的歌迷。"

这里,我们可以发现,每个孩子都是一粒亟待发芽抽枝、开花结果的种子,也许他是玫瑰花种,将来会绽放绚烂的玫瑰;也许他是一株小草,将来会焕发出绿色的、倔强的生机……然而有一点不容置疑:孩子天赋的发挥离不开父母对其兴趣爱好的支持和鼓励。

然而，我们却发现，现实生活中，一些父母认为，成绩好才是王道，于是，他们把所有精力都放在引导和帮助孩子提高学习成绩上。而事实上，正是因为父母对孩子兴趣爱好的忽略，才导致孩子关上了与父母沟通的心门。

另外，从未来社会对人才的要求来看，真正能在社会上获得很好发展机会的人才，都具备很好的创新能力，因此，父母不要为了追求短期的效应，让孩子把所有精力都放在学习上而忽视了其他方面的发展。尊重孩子的兴趣，让孩子快乐地学习和成长，才是防止孩子在未来出现短板的最好的教育方法。

具体来说，我们需要做到：

1. 尊重孩子的兴趣和爱好

日常生活中，我们应该多给孩子选择的权利，从孩子的兴趣爱好出发，否则可能会事与愿违，严重的还会导致孩子产生厌学情绪，对生活和学习造成消极影响。在缺乏尊重的家庭环境中，孩子没有自己的意识，丧失独立自主的能力，将来走上社会，也难以适应社会的发展。

作为父母，应该尊重孩子的身心发展规律，在了解孩子兴趣的基础上，和孩子商量，尽量让孩子自己拿主意。这样孩子会感激你的理解，在学习的过程中才更有积极性。

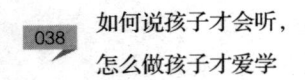

2. 不要把你的兴趣和爱好强加给孩子

这是个性使然，很多有所成就的家长都希望自己的孩子能按照自己的兴趣、爱好，甚至为他规划的人生走下去。早有"子承父业""书香门第"之说，生活中这样的例子也是数不胜数：医生的女儿当护士，教授的女儿当老师……

父母总把孩子放在自己的掌心，而他却渴望一片自己的天空。这种"独裁"只会把你的孩子从你身边推开。中国的家长们太喜欢包办代替，操心受累之余还总爱不无委屈地说一句："我什么都替他想到了，能做的我都做了，我容易吗？"可是对于这一"替"，孩子不但不领情，反而加剧了他们的逆反心理，尤其是年龄稍大点的孩子，他们更愿意固守自己的意志而拒绝家长的好心安排。

3. 要听取孩子的意见

孩子也是独立的个体，童年时期的孩子更是如此，他们更希望从家长那里得到认同，家长不要一味地为孩子做决定，而应该认真听取孩子的意见。

4. 家长不要有功利心理，要允许孩子发生兴趣转移

人的兴趣爱好不是一成不变的，大人亦如此，更何况孩子，随着年龄的增长，接触面的拓宽以及自身社会经验的加深，他们的兴趣也可能发生变化。如小时候孩子喜欢钢琴，而现在却对计算机产生兴趣，而有些父母，出于功利心理，不能

接受孩子的兴趣转移。比如，因为当初给孩子买了钢琴，就不允许孩子的兴趣再发生变化了。这些父母可能强迫孩子天天练琴，直到孩子彻底丧失对弹琴的兴趣。这种做法并不可取。

其实孩子拥有丰富的兴趣对自身发展是一种提高，父母要鼓励孩子全面发展自己的兴趣，允许孩子的兴趣发生转移。

一个人，如果不能在诸多方面得到全面发展，在哪一项上存在严重漏洞，都会影响他的人生前途。因此，作为父母，在与孩子沟通的过程中，不能只看重孩子的成绩，而应该尊重孩子的兴趣爱好，并支持和鼓励孩子发展自己的兴趣爱好，这不但有利于增进亲子间的关系，也能让孩子得到全面的发展。

闲谈式的情感交流，营造轻松的沟通氛围

周末这天，儿子小小在房间做作业，妈妈敲了敲门，经小小同意后走了进去，抱着刚从阳台上收下来的儿子的衣服，妈妈一边叠衣服，一边对小小说："儿子，妈妈想跟你谈谈可以吗？"

小小："什么事？"

妈妈："妈妈知道你最近交了几个朋友，他们对你也很好，但是他们毕竟是社会青年，不像你那么单纯，妈妈不阻止你跟他们来往，但妈妈希望你能多留点心，保护好自己。"

小小："嗯，谢谢妈妈提醒，我明白，我会跟他们保持距离的。"

案例中这位妈妈是个很善于与儿子交流的人，这样的谈话是轻松和随意的，孩子也很容易接受。假如她劈头盖脸直接问儿子是不是与社会不良青年来往，恐怕会招致孩子厌烦情绪。

的确，与孩子沟通，闲谈式的情感交流，有利于营造轻松的沟通氛围，如果我们不注意与他们沟通的方式，那么，很容易造成亲子间的沟通障碍，甚至产生矛盾。

生活中，不少父母发现，孩子好像总是故意和自己作对似的，总和自己唱反调。很多父母感叹："我让他往东，他就是往西。""我说的话，他就没有听过。"的确，可能你的孩子已经有了一些逆反情绪，而主要原因在父母，孩子毕竟还小，他们的情绪掌控能力欠缺、情商也需要提高，作为父母，我们应该主动寻找最佳的沟通方法。

我们强调闲谈式，即家长尽可能创造或利用与孩子相处的机会，不失时机地与孩子进行闲谈，将实质上的有意识淡化在形式上的自然随意上。可以谈些孩子感兴趣的事情，缩小彼此的心里距离，并适时地抓住孩子谈话中某些可以"抒发情感"的内容，真诚地道出自己的心理感受，显得自然得体，给孩子创造一个了解情感世界的机会，为此而产生出对父母的亲近感和朋友式的信任感，而建立在这种关系下的说服教育也易于被孩子接受，作为回报，他也会在日常活动中表现出理解、合作的精神。

为此，我们需要明白以下几点：

1. 沟通前强调，不要让孩子盲目听话

我们不需要培养那种盲目听话的"乖孩子"，因为"乖孩子"真正成为社会精英、业界尖子的不多，他们大多在一般劳动岗位上工作。当然，并不是说"不听话"的孩子就一定聪明，出尖子。孩子的"听话"应更多体现在生活规矩、行为道德上，而青春期孩子天性叛逆，有自己的想法，父母应做出正确的引导，用于学习和对待事情上。

童话大王郑渊洁说他从来没有对自己的孩子高声说过一句话，也从来没有说过"你要听话"。"因为我觉得把孩子往听话了培养那不是培养奴才吗？"因此，对于孩子的不听话原因，你不妨告诉孩子："爸妈并不是要你盲目地听我们所说的每一句话，什么都听话的孩子就是庸才。"这样说，会很容易让孩子感受到父母对自己的理解。

2. 鼓励你的孩子有自己的思维方式

你不妨为孩子讲这样一个故事：

一位幼儿教育专家到国外看到一个幼儿用蓝色笔画了一

个"大苹果",老师走过来说:"嗯,画得好!"孩子高兴极了。这时中国专家问教师:"他用蓝色画苹果,你怎么不纠正?"那位教师说:"我为什么要纠正呢?也许他以后真的能培育出蓝色的苹果呢!"

其实外国教师或家长这样容忍孩子"不听话"是有道理的,它可以保护孩子的想象力,激发孩子的创造力。

同样,我们的孩子也有自己独特的思维,作为家长,我们如果用成人的思维方式对他们粗暴地干涉,就会扼杀他们的想象力和创造力。

3. 给孩子一个行为标准

这个行为标准的制订必须是在和孩子已经站在统一战线的前提条件下,也就是孩子认可父母的话是正确的。

此时,你应该告诉孩子一个原则,一个标准。在这个标准下,他知道什么东西应该去执行,什么东西要坚决反对,掌握好这个度就可以了。不是不管他们,而是怎样合理地管的问题。

因此,综合来看,对于沟通这一问题,如果出现问题,家长还是要从自身寻找原因,看看你的沟通是否太直接,孩子是否能接受。我们最好选择闲谈式沟通,营造出轻松的氛围,孩子才更愿意与我们沟通。

父母错了也要勇敢向孩子道歉

这天中午,妈妈收拾房间时发现抽屉里的一百元钱不见了,她知道儿子冬冬调皮,肯定又是拿钱去买零食了,所以她一口咬定是冬冬拿了。

冬冬说没拿。妈妈不信,先是"启发"孩子:"需要钱可以向我要,但不能自己拿!"后来就越说越生气,警告冬冬:"不经允许拿妈妈的钱,也算是偷!"冬冬不服气,母子俩就吵了起来。这时冬冬的爸爸回来了,忙解释说:"钱是我拿的,还没来得及告诉你呢。"妈妈这才停止了对儿子的逼问,但又补上一句:"冬冬,你可要记住,花钱要管妈妈要,可不能偷偷地自己拿啊。妈妈的钱可是有数的!"冬冬觉得受了不能容忍的侮辱,一气之下,离家出走了!

在家庭生活中,家长说错了话,办错了事,甚至冤枉了孩子,都是难免的,关键是发生问题后家长怎样处理。家长和孩子相处,应该是民主、平等的,不能摆家长架子。错怪了孩子,就要主动道歉,而且态度要诚恳,不敷衍。有些家长认为这样做会有失尊严,其实不然,孩子是明理的。父母向孩子认错,给孩子树立了有错必改的榜样,会使孩子由衷地敬佩父母的见识和修养,并学会勇敢地为自己的行为负责,让孩子从小形成一种责任意识。同时，孩子也会更加信任父母，使一家人和睦相处，为孩子创造良好的成长环境。家长的威信不但不会降低，反而更高了。

日常生活中，孩子会犯错，大人也会，在这个过程中，我们发现，大部分情况下是孩子道歉，而不是父母，因为父母觉得，我们有必要对孩子的言行负责，教导他们学会有礼貌、做错事要道歉，但却忽略了我们也应该对自己的言行负责，而对于孩子来说，他们通常都不知道父母有错，也觉得父母不会那么容易做错事。父母则认为自己一般能做对，即使做错事了也不需要道歉，他们觉得自己处在一种比较高的地位。其实，这样做的直接后果是，给孩子树立了一个不负责任的负面形象。

现代教育，最重要的改变就是要求家长将孩子和自己放在平等的位置上，而不是端着架子，即便做错了，也不跟孩子道歉，事实上，很多家长认为，说一句"对不起"有碍面子还是硬撑着、扮强势。其实，对孩子说一句"对不起"，不会有损父母的权威，反而会构建起一个平等的交流平台。更为重要的是，家长起到了以身作则的作用，给孩子树立一个负责任的形象。

可见，家长做错了事，肯不肯向孩子道歉，不仅影响着两代人的情感，也关系着孩子的进步与成长，是家长应该学会使用的一种教育手段。

在现代家庭教育中，家长如果从不向孩子承认自己的缺点、过失，孩子就会产生"父母永远正确而实际上总是出错"的观念。久而久之，对父母正确的教诲，孩子也会抛之脑后。如果对孩子做错事后，父母能郑重地向孩子认错、道歉，孩子就会懂得承认错误并不是一件可耻的事，就会提高分辨是非的能力，尝到原谅别人的滋味。为了让孩子能树立责任意识，父母不妨做到：

1. 孩子年龄不同，父母做错事道歉的方法不同

相对于年龄小一点的孩子来说，父母其实不用讲太多的道理，只要用一些行动，如手势、表情、做法等，很自然就可以让孩子知道在这件事上，父母做错了，而且父母在向他们道歉，并不需要说太多的话。如果孩子知道这种做法是错误的，那么他们一般就不会再犯这样的错误。但是对于年龄大一点的孩子来说，父母向他们道歉，就必须向他们讲明这件事错误的原因，为什么做错了，这也是一种间接教育的方法。

2. 注意道歉的态度

父母道歉的态度也是很重要的，不能过于生硬，或者轻描淡写。这些错误的态度，即使道歉了也不能挽回什么，只会加深误解，因为年龄大的孩子能明显感觉到父母态度的不同，意识到父母是不是在敷衍。因此，父母应用真诚的态度来道歉，不要碍于面子或者身份，不愿意对自己的孩子道歉，或者只是略微地说一下。父亲撞到儿子，这时候，父亲与其说"我不是

故意的"，倒不如真诚地对他说"对不起，孩子，我撞伤了你"。父亲这时候大大方方的道歉比不真诚的辩解更能够得到孩子的尊重。

总之，家长在教育孩子的时候，要言传身教，向孩子认错、道歉，是培养孩子成为一个有责任感的人的重要方面。孩子最早的学习是从模仿开始的。他们从很小的时候，就会将看到、听到、感觉到的东西"融化"在正在发育的大脑里，并在以后的生活中不知不觉地加以模仿，不仅限于行为举止，而且包括思维方式、情感取向以及个人性格等。在生活中处处表现得不负责任的父母，即使想教育孩子做事要有责任心，孩子也会很不服气，很不以为然。所以当孩子做错事时，家长更应该以身作则。使孩子能具体地感觉责任意识在生活中的重要性，从而主动、积极地养成责任习惯。

第3章

平等对话，帮助孩子建立自信

我们都知道，孩子的世界和成人的世界是不同的，对于他们成长道路上看到的很多事物，孩子与成人的看法与意见都不同，而对于孩子，我们只有先尊重他们的个性、兴趣、看法等，与孩子平等对话，孩子才有更多的生活体验，才能成长得更快。假如我们剥夺了孩子的这种权利，那么，他们就体验不到这种乐趣，也会变得越来越没有自信。

如何维护孩子的自尊心不被伤害

这两天，宋先生和妻子忙得焦头烂额，因为他们的儿子强强已经三天没回家了。他们不知道发生了什么事，儿子一直是个很乖的学生，而且还是班长，老师和同学们都很喜欢他，无奈之下，宋先生和妻子准备去找老师，实在不行就报案了。

给学校打了几次电话之后，宋先生才了解到，原来情况是这样的：前些天老师让儿子代表班级参加全校的演讲比赛，但可能因为紧张，儿子在演讲中表现得不是很好，也就没有拿到奖项，被学校的一些同学嘲笑了几句。要知道，儿子一直成绩优异，这样的打击他肯定受不了。

听到这件事，宋先生这才明白为什么儿子会"玩失踪"，后来，宋先生想到一个地方——强强外婆去世前留在农村的老房子。果然，儿子就在那里，见到爸爸妈妈，强强很委屈地哭了，宋先生走过去抱了抱儿子，轻轻安慰着。

案例中的强强之所以"失踪"，是因为失败后被同学嘲笑而自尊心受到打击。的确，自尊是人活于世的根本，自尊才能自信，才能自强，而作为父母，一定要维护孩子的这种自尊心，只要这样，孩子才能以健康的人格和心态去迎接未来的社会，而自信必不可少。

可是生活中，我们发现，一些父母在面对孩子情绪不对或者陷入困境的时候，不是采取鼓励的措施，而是打压或者生硬的斥责；也有一些父母，总是希望孩子能按照自己的意愿行事，结果导致孩子叛逆、自卑等。其实，这都是对孩子的不尊重，也伤害了一个孩子的尊严，对于成长期的孩子，我们只有给足尊严，他才会自信。

为此，教育心理学家建议，保护孩子的自尊心，需要父母在沟通中做到：

1. 不要总是负面地评价孩子

一般来说，如果孩子学习成绩不好或者在竞争中不断受挫，一般会出现负面情绪，此时，我们要对孩子的归因有一定的引导策略，孩子输了的时候，不做出"是因为你笨"之类的评价，避免孩子将失败归因于自己能力差等内部因素，引导孩子在竞争中学会分析自己的能力、任务的难度、客观环境等，客观地进行归因。

2. 维护孩子的面子

俗话说，"树要皮，人要脸"，孩子也和成年人一样凡事要"面子"，也需要得到众人的尊重。当他做得不好时，你马上指出来的话，有没有考虑场合，考虑他的自尊心呢？

如果你当着别人的面说："看人家多自觉，你能不能长进点？"你会发现，孩子以后的问题会越来越多，而且越来越不听话。因为你不给孩子留面子。如果你当着老师的面、亲戚的面数落他，那情况会更糟，他要么变成可怜的懦夫，要么成为一个偏激者。因此，父母切记：不要在孩子面前说太多坏话。否则，你的"抱怨"会毁了孩子的社会形象，也毁了自己在孩子心中的形象。

3. 尊重孩子的观点，如多和孩子交流，听听孩子的心声

"我爸爸非常专横。他不和别人讨论任何问题。他只是表明他的观点并宣称其他人都是愚蠢无知的。他总是试图告诉我该思考什么，如何做每一件事。小时候不懂事，我以为爸爸是对的，可是长大后，他还是这样，到最后我只能对他的任何话

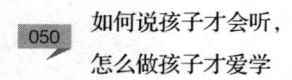

都充耳不闻。"

这是一个12岁女孩的心声，或许这也是很多这个年纪的孩子的心声。做父母的很容易因为自己的身份和智慧而变得过于自信，而在毫无察觉的情况下做出一些宣告、决定和断言，压制了孩子日益成长的寻求自身对事物独立看法的要求。这实际上是要让他按照你的观点和价值观来生活。这种"统治方式"造成的结果无非有两种，孩子的叛逆或者自卑，没主见、不自信。家长要明白，你越是将自己的观点和价值观强加于他，并自以为他会与你分享，他拒绝接受它们的可能性就越大，即便一个较小的孩子也是如此。

4. 帮孩子找到竞争的优势

我们要鼓励孩子，告诉他不必过分在乎别人的评价，要相信自己。每个人都不可能是全才，有长处也有短处。帮助孩子找到自己的优点，帮助孩子建立坚定的自信，这是家长首先要做的。家长要引导孩子挖掘自己的优点，不断强化，使孩子走出自卑的困扰而变得自信起来；帮助孩子发现自身优点和长处是克服害怕竞争的良方。

以上这些方式都是家长应该学习的，用正确的方式引导孩子的行为，维护他的尊严，才不会伤他自尊，这也是让孩子维持自信的最佳方式！

别强迫孩子听话，孩子不是你的附属品

生活中，我们都希望孩子乖巧、听话，但父母要记住，孩子并不是父母的私有财产，如果希望孩子样样服从自己的安排，结果将会适得其反。家长在言行上的矛盾教育常让孩子无所适从。家长在学习家庭教育理论知识的同时，还要善于反思、总结，不断提高自己的素养、转变自己的旧观念，把理论灵活地运用到实践中去，才能有好的效果。对于家长来说，教育孩子是一个漫长而艰巨的任务，也可以说是一生的课题。总之，家长不要总是强迫孩子听话，把什么都强加给他。家长在与孩子沟通的过程中应记住：

1. 不要把你的观点强加给孩子

你越是将自己的观点和价值观强加于他，并自以为他会与你分享，他拒绝接受它们的可能性就越大，即便一个年龄较小的孩子也是如此。

因此，家长要想办法弄清孩子的想法。比如，你可以这样说："我喜欢这个想法，但重要的是你如何看待。"而不是说："太棒了，你不这样认为吗？"或者可以说："你怎么看待那个电视节目？"而不是说："那个电视节目简直就是胡说八道。"

2. 不要把你的兴趣和爱好强加给孩子

大多数时候父母都会认为，孩子还小，很多事情他们不

懂，我们选择的对他们才更有好处。殊不知，孩子虽小，也有自己鲜活的思想和情感，有自己的兴趣。只有从兴趣出发，孩子才能自主地学习，才能学得又快又好，才能享受到学习的乐趣。

3. 孩子犯错时不要只会对孩子大喊大叫

当孩子产生情绪或者做出你不能容忍的事后，向他说明你的想法和感受。当你感到愤怒、难过或者沮丧时，请说出来并向他说明原因，别只是大喊大叫。

法国哲学家尤伯尔说："孩子们需要榜样，而不是批评家。"如果你的孩子看见你为他作出表率，那么，他也会学习安全而自在地发现并表达自己的思想和感受。以下是父母需要做到的：

（1）如果你能接纳孩子的感受，那么，他就可能学会接纳、控制、喜欢或者应对自己的感受。

（2）帮助他提出要求。比如，对他说："我想你现在很难过，给你一个拥抱，你会觉着好点吗？"这样的话能让他放松地表达自己的想法："我现在心情不好，我来是想得到一些安慰。"

（3）接受他的歉意，即表明你接受了他的感受。这时，你可以依下列模式对他说点什么。比如："今天我很不痛快，我因此冲你大声嚷嚷，真对不起。"

（4）孩子的嫉妒、愤怒、沮丧以及怨恨的感受，应该是可以接受的，而不应该遭到惩罚或拒绝。虽然可以有这样的感受,但不可因为你的感受而去伤害他人。

(5)给出一些不完整的句子,让孩子去补充完成。比如:"当……的时候,我最高兴""当生气的时候,我……""当……的时候,我觉得自己非常重要""当……的时候,我感到情绪沮丧""当……的时候,我往往选择放弃""当受到斥责时,我想……"

父母告诉他要对自己的行为和情绪负责。你可以说,"当……的时候,我感到非常生气",而不要说,"是你惹得我生气"。当你的孩子骂骂咧咧时,让他换一个词来表达他试图表达的内容。总之,家长应该接受孩子的所有情绪,然后帮助他排解。毕竟,孩子应该有自己的感受和情绪,这才是一个有血有肉、有真性情的孩子,而不是作为家长的傀儡而存在。

有的孩子看似听话,但家长绝不可认为孩子就没有自己的想法和主见。爱护你的孩子,就别让他做你的傀儡,而是应该给他一个温馨的生活氛围,这就要求父母通过洞察他的内心世界,用商量、引导、激励的语气和他交流,站在孩子的角度去考虑,而不是将自己的意志强加给孩子。也不要因为孩子尚小,就用命令的口吻对孩子说话,也不能随意斥责或辱骂孩子,更不要去嘲弄、讽刺孩子。总之,父母不能用自己过多的欲望,让孩子生活在同一个情绪平台之上,而不能自由表达自己无尽的欢乐或者深沉的忧伤,记住,这会让他窒息!

尊重孩子，孩子也有隐私权

倩倩今年升三年级了，作业也比以前多了些。

这天早上，她出门上学去，已经走了一段路了，突然想起来要交的一本作业没带，于是急忙又掉头往家跑。当她掏出钥匙打开家门时，看到妈妈正从自己的房间里出来，很不自然地朝倩倩笑了笑，倩倩觉得哪里不对劲，所以赶紧进房间，果然，房间被妈妈翻得乱七八糟，而那本藏在抽屉里的日记本也被妈妈找了出来。

倩倩非常生气地质问妈妈："你为什么翻我的抽屉，随便动我的东西？"

没想到妈妈比她还生气："怎么了？当妈妈的看看女儿的东西还有错吗？"

"可是你应该经过我的允许才能看啊！"倩倩很愤怒地回答妈妈。

"小孩子有什么允许不允许的，别忘了我是你妈妈，好了，快去上学吧！"妈妈毫不在乎地对倩倩说。

倩倩很生气地摔门而去。

生活中，这样的场景并不少见，在父母们看来，他们偷看孩子的日记、检查信件、追查电话、查阅短信、翻查书包等都是小事。他们认为孩子毕竟还小,他们这样做是在关心孩子,一切都是为了孩子的成长,防止孩子走入歧途,以免孩子一步走错步步皆错。父母看似关心孩子,而孩子,虽然有的可能会了解父母的本意是出于对自己的爱护,但是,父母的这些行为,都是对孩子的不信任、不尊重,伤害了孩子的自尊心,让孩子感到不舒服。于是,这些孩子对父母偷看他们的日记、私拆他们的信件很反感,甚至有些孩子总爱在家中将常用的抽屉锁上一把锁,使父母和孩子之间有了一道鸿沟。

日记引起的冲突通常是一个令人伤感的话题。孩子们因父母要查看日记而愤懑苦恼,令家长们坐卧不安的则是:孩子竟然把日记锁了起来!而实际上,有时候,孩子写日记,并是因为孩子有什么见不得人的秘密,只是他们认为自己的隐私应该受到尊重。

希望自己的隐私被尊重是每个孩子的心理需求,他们希望有自己的空间,孩子也有自己的隐私权,如果他们感到自己的隐私权被侵犯了,就感到无处藏匿,感到羞辱,气恼,产生令父母惊讶的激烈的情绪反应。

在我们的生活中,很多父母可能认为,孩子的生命都是自己给的,哪里还有什么隐私,因此,提到孩子的隐私问题,都会不以为然,父母看看孩子的聊天记录、手机短信、日记,这都是天经地义的事。

事实上，孩子在慢慢长大，他们渴望父母能给自己更多的空间，而有些家长总是想控制孩子、管制孩子、设计孩子。适当的控制是必要的，但随着年龄的增长，更多地是靠孩子的自觉和自律，而且要给孩子自主的空间，要尊重孩子自主的空间，父母干涉过多，是很多孩子不快乐的原因，恰如金庸小说里所说："怜我世人，忧患实多。"尤其是孩子的隐私，"最讨厌的事情就是父母亲偷看我的短信""上网聊天也要偷着瞧，一点自由都没有，真烦"这恐怕是很多孩子的心声。但家长们却左右为难，"我们不看的话，怎么知道孩子是怎么想的"。如何在家长的知情权与孩子的隐私权之间取得平衡呢？

对此，父母要明白：

1. 不看也罢

当我们看到孩子带锁的日记时，你可能会本能地认为：孩子不再对我们敞开心扉，孩子开始躲避我们关注的目光。每一个敏感的母亲都不会对此无动于衷。无可奈何之中我们会感到有点委屈："我养你这么大，怎么连看看日记也不可以啊？"

可能每一个家长在查看孩子的日记前，都会给自己一万个理由，但最大的理由莫过于你不适应孩子已经长大的事实，不适应与孩子在某种程度上的精神分离。静下心来想，我们可能会发现，促使我们这样做的主要原因是情绪上的某种需要。

所以，对于孩子的隐私，我们要调整心态，完全没有窥探的必要，相反，越是非看不可，越是让亲子关系变得草木皆兵，而孩子也会因此更加不信任我们。

2. 重在引导，不能多加干涉

父母侵犯到孩子的隐私，他们的出发点并不坏，他们担心孩子出事，有时也确实是为了更多地了解孩子。但是，他们这种做法是不可取的，对于孩子某些问题，要重在引导，要根据孩子的选择给他自由，不能多加干涉。即使你想了解孩子，并不一定要以窥探孩子隐私、牺牲孩子隐私为代价，而应该把孩子当朋友一样相处，充分尊重孩子的人格与隐私，给孩子一个相对独立的空间，通过平等对话、交流情感，让孩子主动敞开心扉，把内心的秘密告诉你。亲子间多沟通，通过沟通了解孩子心中的秘密。尽量帮助孩子减少不必要的秘密，以减轻他们的心理负担。

3. 逐渐建立孩子对自己的信任感

信任感的建立，是从生活中的一点一滴积累起来的，兑现对孩子的承诺，不能兑现也得说清理由，取得孩子的谅解。承诺为孩子保守秘密，一定要守信，同时家长可以根据自己孩子的年龄不断改变监管的力度和方法。平时多和孩子谈谈心，学会信任孩子，家长们应当将孩子当作一个完整和独立的人来看待，学会尊重孩子，学会理解孩子。

人人都有不愿告诉别人的私事，这便是隐私。个人隐私应得到尊重，法律也规定保护个人隐私不许侵犯，这便是隐私权。大人的隐私权且不说，孩子的隐私权受侵犯是常见的事。因此，作为父母，要主动改变观念，改变单一管理孩子的方法，不要再把孩子当成你的附属品，你需要把孩子当成一个具有完整人格的独立人来平等看待，尊重孩子，从尊重孩子的隐私权开始！

关心和尊重孩子，让孩子对你敞开心扉

巴西球员贝利，被人们称为"世界球王""黑珍珠"，在很小的时候，对足球他就表现出惊人的才华。

那次，贝利和他的同伴们刚踢完一场足球赛，已经筋疲力尽的他找小伙伴要了一支烟，并得意地吸了起来。这样，原先的疲劳都已经烟消云散了，然而，这一切都被他的父亲看在了眼里，父亲很不高兴。

晚饭后，父亲把正在看电视的贝利叫过来，然后很严肃地问："你今天抽烟了？"

"抽了。"贝利知道自己做错了事，但也不敢不承认。

但令他奇怪的是，父亲并没有发火，而是背着手开始在房间里踱步，过了一会儿，他停了下来，说："孩子，我知道，

第 3 章
平等对话，帮助孩子建立自信

你在踢球上有点天分，如果你能一直踢下去，也许将来你会有点出息，但可惜的是，你现在居然就开始抽烟了，抽烟是有害身体的，它会使你在比赛时发挥不出应有的水平。"

听到父亲这么说，小贝利的头更低了。

父亲又语重心长地说："虽然作为父亲的我，有责任也有义务教育你，但真正主导你人生的是你自己，其他任何人都无法代替，我现在问你，你是想做一个有出息的运动员、驰骋于足球场还是继续抽烟、自毁前程呢？孩子，你已经长大了，该懂得如何选择了。"

说完这番话，父亲从口袋里掏出一叠钞票，递给贝利，并说道："如果你不想做球员了，那么，拿着这些钱去抽烟吧。"父亲说完便走了出去。

看着父亲的背影，贝利哭了，父亲的话一直回响在他的耳边，他猛然醒悟了，他拿起桌上的钞票还给了父亲，并坚决地说："爸爸，我再也不抽烟了，我一定要当个有出息的运动员。"

从此以后，贝利再也不抽烟了，不但如此，他还把大部分时间都花在了刻苦训练上，球艺飞速提高。15岁参加桑托斯职业足球队，16岁进入巴西国家队，并为巴西队永久占有"女神杯"立下奇功。如今，贝利已成为拥有众多企业的富翁，但他仍然不抽烟。

这则故事中，贝利的父亲在教育孩子的这一问题上所选用的方法是正确的。我们要想打开孩子的心扉，让孩子信服自己，就要用轻声细语去感化孩子，与孩子平等沟通。

生活中，我们在与人沟通的过程中，常有这样的体验：用好的态度、温和的方式比用高傲相持的生硬方式更容易提高办事效率。在与人相处时，用友善体贴的方式会比强悍冷漠的方法更易俘获他人的心。同样，在教育孩子的过程中，如果我们也能轻声细语地与孩子说话，用真心感化孩子，那么，孩子就能感受到你的尊重，从而愿意相信你。这就是"南风法则"。关于"南风法则"，法国作家拉封丹写过一则寓言：

北风和南风相遇，他们都认为自己可以把行人身上的大衣吹掉，并争论得不相上下，为此，他们决定比试一下。北方先使劲地吹，一时间，天气变冷，寒风凛冽，人们赶紧裹紧身上的大衣。然后，南风徐徐吹起，人们在一片风和日丽的天气下顿觉暖意升起，于是开始解开扣子，继而又脱掉了大衣……这便是所谓的"南风法则"。

这则寓言故事告诉所有的父母温暖胜于严寒。运用到教育工作中，就是要求父母关心和尊重孩子，这样，在与孩子沟通时，他就能卸下心理包袱，从而接受你的意见。

然而，现实生活中，我们看到的多半是，一些家长一旦发现孩子和自己观点不统一，马上表现出不耐烦甚至会对孩子发脾气，久而久之，孩子要么不敢发表自己的意见，变得怯弱起来；要么故意和家长对着干，造成难以收拾的局面。曾有哲人说过："要人家服，只能说服，不能压服，压服的结果总是压而不服。以力服人是不行的。"每一个家长都应该有所启示，要让孩子心服口服接受你的教育，不能强来，只能靠真情感化。

孩子虽然还小，但他们也渴望被尊重、被关心，因此，我们在与孩子沟通的过程中若能巧妙运用"南风法则"，多关心孩子，那么，便能促使孩子意识到自己同成年人是平等的，有利于从小培养孩子独立的人格，能帮助孩子认真面对自己的问题或缺点。同时，也为孩子创造了乐于接受教育的良好心境。

给孩子尊严，培养自信的孩子

自尊是人活于世的根本，自尊才能自信，才能自强，对于孩子来说，懂得自尊，方能自信。而作为父母，无法给孩子天使的翅膀，但一定要给孩子尊严并维护这种尊严，才能培养一个骄傲、自信的孩子！

我们说的教育孩子，其中重要的一点就是要让孩子做个自信、骄傲的人，这不仅要给孩子优越的生活环境，让他接受好的教育、开阔他的视野，增加他的阅世能力，增强他的见识，

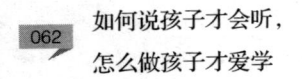

还要让孩子以健康的人格和心态去迎接未来的社会，而自信必不可少。让孩子做到自信，就必须让他有自尊心，而这种自尊心的培养，正需要父母主动沟通。

可是生活中，一些父母误解了教育孩子的真实含义，他们认为只要给孩子最好的物质，他就会幸福，当孩子情绪不对或者陷入困境的时候，不是采取鼓励的措施，而是打压或者生硬地斥责；也有一些父母，总是希望孩子能按照自己的意愿行事，结果导致孩子叛逆、自卑等，其实，这都是对孩子的不尊重，也伤害了一个孩子作为人的尊严，要想让他成为一个真正骄傲、自信的人，家长不要忘记给足他尊严，他才会自信。那么，具体说来，家长不妨从以下三方面入手：

1. 尊重孩子的个性

每个孩子都是与众不同的，如同我们不可能找到两朵相同的雪花儿。每个孩子都有不同的感受事物的方式、玩耍的方式、思维的方式、学习的方式、享受的方式。正是这些"个别的特性"使他成为"独特"的人。

因此，家长要尊重孩子的个性，就应该对其内在品性的各个方面进行更为明确的理解，真正地了解你的孩子，才能根据其个性打造其独特的人生，让他更自信地生存。

2. 尊重孩子的喜好和兴趣

正如上面所言，每个孩子都是不同的，因此好恶也是不同的，家长要了解他的好恶——他喜欢吃的东西和不吃的东西，他最喜欢的运动、课余消遣和活动，他喜欢的衣服，他的特长，他喜欢逛的场所以及最有效的学习方式。迎合孩子的喜好，才能让孩子接受家长的培养方式，也才能更自信。

3. 尊重孩子的观点

人们总认为，年幼的孩子比较"顺从听话"，他们喜欢讨人欢心，服从他人。你不应该利用孩子的这一特点，相反，应该着力强化他的个性和自我意识。当孩子进入儿童时期以后，在他们探求自己是谁之前，他们会从否定的角度——自己不是谁——来定位自己。这时，他们大多会拒绝接受父母的价值观。他们应该畅通无阻地穿过那条道路，而不应遭到成人的碾压。

因此，在教育孩子的时候，父母不应将自己的观点和价值观强加于他，而是应该多和孩子交流，多听孩子的心声，尊重孩子提出的每个观点，这样才能让孩子更加自信。

4. 尽量少批评、多赞扬你的孩子

（1）在批评孩子的某一具体行为前，先想想他的优点，以帮助你对他持有积极乐观的态度，并让批评明确具体。

（2）不要使用"好"或"坏"来评价他的行为，因为他会将此视为你对他的印象。取而代之，你可以谈论你喜欢或者不喜欢他的哪些行为。

（3）在你表达不认可之时，总是以"刚才，我发现你……"

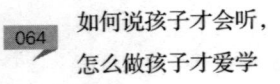

的方式来开头。

以上这些方式都是家长应该学习的,孩子的自尊是需要家长来悉心呵护的,用正确的方式来与之沟通并引导他的行为,才不会伤他自尊,这也是让孩子维持自信的最佳方式!

让孩子参与家庭讨论

我们都知道,现代社会的家庭都是独生子女,很多父母心疼孩子,什么都不让孩子做,什么都替孩子代劳,久而久之,孩子不但缺乏独立能力,更缺乏对家庭的责任心,而随着孩子逐渐长大,随着他们自我意识的增强,他们会认为自己在家庭中没有得到应有的尊重,这正如鲁迅先生曾说过的:"小的时候,不把他当人,大了以后也做不了人。"孩子们都很希望得到大人的认可,如让孩子参与家庭理财,商讨比较重要的采购,不失为促使他们迅速成长的一个好方法。

著名教育家斯霞说:"艰苦奋斗的传统失传了,独生子女宝贝得不得了,我们还能视而不见吗?我已在报上发表文章,赞成让孩子从小吃点苦,多经受一些磨炼。《较量》之争的关键是教育思想、教育方法之争。"她又说:"就连我们这样的学校,也有许多家长接送孩子。送到校门口仍不放心,还要看着孩子走进教室。平时孩子要什么给什么，无法无天。这算什么爱呀？这是害孩子！家教很重要。应当让孩子吃好睡好，但不可娇生惯养。穷人的孩子早当家，这是真理。"

的确，当父母的人总心疼孩子，不管家里发生大小的事，都不让孩子费心。孩子长期生活在这样的家庭环境中，很难培养对家庭的责任感。

为此，儿童心理学家建议父母，让孩子参与家庭讨论，在这样的亲子沟通中，父母把孩子当成家庭的一员，能让孩子感受到尊重，这是我们了解孩子的最好方式之一。

其实，家长通过家庭讨论，可以让孩子明白：

1. 引导孩子表达内心的感受

很多家长和孩子之间缺少沟通，只是一味地给孩子安排。还有一些做父母的老爱念着一些夸耀自己、贬低孩子的"咒语"，诸如："你看，我就知道你做不到。""我们那时候自觉得很，哪像你这样。"这些"咒语"潜移默化地内化为孩子对自己过低的评价，从而丧失了勇气和信心。家长可以经常通过家庭讨论，来帮助孩子更好地了解和表达自己的情绪。除了温和地询问"你其实是想说什么"，你还可以给他一些参考答案。等孩子逐渐学会了解自己的内心感受，那么，即便你不在旁边，他也可以清楚地向周围的人表达自己的感受。而家长与孩子之间的亲子关系也就更加密切了。

2. 尊重孩子的意愿

"孩子是小人，小人也是人。"做父母的应尊重孩子，把他当作家庭中平等的一员来对待，要尊重他在家庭中的地位，任何涉及孩子的事情，应尊重或听取孩子的意见。要尊重孩子的见解，甚至当你不同意时，也要以商量的口吻表示对孩子的尊重。例如，对话时，不要中断或反驳孩子，不要干涉孩子自己喜欢的方式等。

3. 让孩子来解决

这是个有魔力的句子，它可以让孩子感觉到自己是受欢迎和受尊重的，甚至肯定自己的能力，这样，对增强孩子做事的信心是大有益处的。

4. 让孩子明白真的需要才能得到

"西西有洋娃娃，所以我也要一个""小明爸爸让他吃冰激凌，那我也可以吃""他可以，所以我也可以"……这是小孩子最常用来跟你讨价还价的简单逻辑。家长可以借家庭讨论清楚地告诉孩子：不同的人有不同的需要。你要让孩子了解：每个人只有在他真正需要的时候才能得到。

同时，也可以听听孩子内心的声音，如"我真的不喜欢那件你给我买的棉衣，下次能让我自己挑吗？"

孩子也是家庭的一分子，应该给他参与讨论家务事的机会。家里的椅子坏了，房间是否该粉刷，是否要养宠物，这些事都可以在开家庭会议时，让孩子帮忙出点子，再要求孩子说出这样做的理由，有时一个孩子会有他的惊人之见。

虽然名为家庭家议，但举行的方式可以是很轻松的，比方说选定每个月第二个星期天下午。大家可以一边喝茶，吃点心，一边讨论家务事，就算没有重要的事情需要商量，大家在一起聊天也很好，甚至玩成语接龙游戏，说故事，猜谜语等都可以在家庭讨论时进行。

请记住，家庭讨论的目的是要找个时间，认真听孩子说话，如果有事要取消，一定要先征询孩子的意见，让孩子有受尊重的感觉。并且让孩子重视家庭会议。一般不要随便取消；多听孩子说话，不要急着反对孩子的意见，鼓励孩子勇于表达自己，争取别人的认同；表达自己的意见是很重要的事，期待孩子的意见，能让大家听见，并且赢得大家的尊重。

总之，从身边的小事开始，让他参与家庭讨论，他会明白生活的艰辛和持家的辛苦，他能懂得如何经营一个家庭，这更有助于孩子独立自主的能力的培养，更重要的是，在这个互动过程中，亲子关系能得到进一步提升！

第4章

换位思考，培养孩子好的性格和价值取向

很多父母感到疑惑，为什么孩子不愿意沟通，对于这一点，家长首先要反思，是否做到了换位思考，只有做到这一点，才能站在孩子的角度、理解孩子的想法，才能走进孩子的世界，用心体会孩子的情绪、想法、需求等，当孩子真正接纳你后，他们便愿意向你敞开心扉了！

寓教于乐，会玩的孩子才会学

丁丁五岁了，相比其他同龄的孩子来说，他显得特别活泼。

周末，妈妈带他到附近的公园玩，妈妈在前面走着，丁丁跟在妈妈后面，妈妈问："丁丁，今晚你想吃什么？"话音刚落，就发现儿子不见了，妈妈急忙四处寻找，发现丁丁正趴在不远处的草地上，专注地玩什么东西。

妈妈心中的石头终于落了地，原来儿子在玩呢，妈妈悄悄地走到丁丁后面，发现小家伙正专心致志地用一根草拨弄着一只小蚂蚁，翻来覆去，仔细观察蚂蚁的每个动作。"宝宝，你在干什么？"妈妈问。"妈妈，我正在玩小蚂蚁。"丁丁连头

第4章
换位思考，培养孩子好的性格和价值取向

也没回。妈妈受到了启发，这是孩子好奇心的表现。

回家后，妈妈给丁丁买了一只玩具小鸟，它会叫、会飞。丁丁有了新玩具，别提多高兴了，他专心致志地观察小鸟的各种动作。

第二天，妈妈下班回家发现丁丁正动手拆玩具鸟，桌子上已经有了几个小零件。见妈妈来了，丁丁显得有些害怕。妈妈故意板着脸问："你怎么把玩具给拆开了？"丁丁怯生生地说："我只是想看看它肚子里有什么，为什么会拍翅膀、会叫。"

妈妈很高兴，她相信：会玩的孩子才会学，她必须抓住这个时机，培养孩子的智力。于是，她鼓励儿子说："宝贝，你做得对，应该知道它为啥会拍翅膀。"听了妈妈的鼓励，丁丁高兴极了。不一会儿就把玩具鸟全给拆开了，并对里面的结构观察起来。

丁丁的妈妈做得对，会玩的孩子才会学，活泼也是一种气质，每一个活泼好动的孩子，总是具有敏锐的观察力、想象力和思考力，而这些是成才的关键。

生活中的不少父母可能认为自己的孩子很调皮，总是给自己惹麻烦。有时孩子还很固执，不听父母的话。其实，只要你合理引导，你很有可能会找到孩子的天赋所在。

有位母亲产生了这样的疑问："当我女儿在桌上不断地用

手指比画着想象在练琴时，如果我们真的为她提供一架钢琴，这到底是件好事还是件坏事？假如我们这样做了，孩子的想象力是不是就得不到应有的锻炼了……"

这位母亲的担心的确有一定道理，然而还是应该为孩子提供真正的钢琴。因为如果孩子的这一想象中的需求得不到满足，她的想象力会受到限制，就会在这一点上停留过久。如果她拥有了梦寐以求的东西，就会得到及时的训练，提高自己的能力，甚至想象自己已经成了一名伟大的钢琴家。很多音乐家就是这样成长的。永远不要担心孩子的想象力会穷尽，因为一个想象的满足，会激发更新更高的想象。

对于孩子爱玩的行为，父母可以这样引导：

1. 理解爱玩是孩子的天性

很多孩子调皮捣蛋，父母带他出去玩，他总是喜欢做一些危险动作，如登高、从高处往下跳。父母因为担心他的安全而制止其行为。

在中国传统的教育理念中，认为孩子好静更好，甚至总是约束孩子的一些行为。但其实，孩子是需要自由空间的，需要有广阔的天地来让他们成长，因此，对于孩子那些活泼好动的行为，我们不必强加干涉，只需要做到保护他的安全，要知道，孩子在奔跑、跳跃、攀爬这些活动中，更易获得健康的身体，也更易活跃大脑。

2. 尊重孩子的喜好

不少父母为了培养孩子，总是不停地为自己的孩子安排各种培训班，试图让孩子掌握各种技能，备战竞争激烈的未来。这样的做法似乎无可厚非，但是，所有的家长都忽略了一点，那就是埋没了孩子活泼的天性。孩子活泼的童年失去了，孩子天真的脸上没有了笑容，取而代之的是厚厚的眼镜，是被紧张学习压迫的苦闷的脸。

其实，父母应该根据孩子的天性来培养。然而，不少情况下，父母的培养却是对孩子成长的阻碍。父母命令他去做这做那，把学习当作任务要他去完成，甚至为此去羞辱、责骂，让他战战兢兢地去做。其实，这样做的结果很可能是既让孩子对学习感到厌倦，同时还毁掉了他应有的气质，使他变得木木呆呆、混混沌沌、行动迟缓。

所以，只有建立在尊重孩子天性基础上的教育才是有效的，才能挖掘出孩子的潜能，才能让孩子健康、快乐地成长。

辩证看待，真正了解孩子的"行为"

我们都知道，爱迪生是举世闻名的电学家、科学家和发明家，他被誉为"世界发明大王"。他除了在留声机、电灯、电报、电影、电话等方面的发明和贡献以外，在矿业、建筑业、化工等领域也有不少著名的创造和真知灼见。

然而，爱迪生在童年时代并不是老师和家长眼里的好孩子，相反，他太调皮了，据说他把几种化学制品放在一起，让佣人吃下去，希望使佣人肚子充满气让其能飞起来，最后让佣人昏厥过去。

在这件事发生以后，爱迪生家的邻居们都知道了，他们警告自己的孩子："不许和爱迪生玩。"并且，因为这件事，爱迪生还被他的父亲痛打了一顿，因为他的父亲认为，这孩子太调皮了，只有打一顿才能长记性，才会听话，也才不会给自己惹麻烦。除了爱迪生的母亲以外，没有人知道爱迪生为什么这样做。她了解自己的孩子这样做是没有恶意的，只是方式方法出了问题，她并不认同丈夫这种粗暴的教育方式，这样会让孩子失去探索一切事物的兴趣。

正是他的母亲能够理解爱迪生的行为，才保持了爱迪生爱观察、爱思考、爱追根溯源的天才特质。

其实不只是爱迪生，纵观古今中外，很多天才的天赋之所以能被挖掘，都是因为他们的父母有一双慧眼，他们的父母能从孩子的一些看似调皮捣蛋的行为中看到积极的一面，能以辩证的态度看待孩子的行为，并挖掘出孩子的潜能。的确，表面看起来，孩子的一些行为是错误的、是应该被批评的，但同时背后也蕴藏了积极的一面，如日本的宗一郎能像狗一样嗅车子漏下的汽油，牛顿在风暴中玩耍……他们表面上是在玩耍，甚至样子很可笑或危险，但他们真正的目的却是在尝试其他孩子没有兴趣尝试的东西。如果父母对其不理解并横加指责，这样扼杀一个孩子岂不可惜。

对于孩子的行为，家长要这样看待：

1. 解读孩子的行为

有位网友提到一件趣事："邻居家7岁的孩子被他爸爸打了，原来这孩子不知道从哪里找来一只受伤的鸟，将鸟绑在了炮仗上，点着了飞天，最后鸟被炸死了。被爸爸妈妈打骂完之后，父母才知道他的想法，他是想把受伤的鸟送上蓝天……"

其实，不少家长在教育中也总有这样的习惯：对于孩子的行为，自己没有理解，也没有努力去尝试理解，他们还把孩子的做法归为错误的，这是对孩子教育极不负责任的做法，在这样的教育下，孩子能有多大的发展呢？

因此，父母要善于解读孩子的行为。父母要明白的是，孩子的行为，很多都是对他未知的一种探索，有些做法孩子甚至比大人更有技巧。父母通过解读孩子的行为，明白孩子行为的本来目的，这样便于采用适合孩子的教育方法，不至于因误解而扼杀了孩子的成长。

在历史上的很多天才中，在一般人看来，他们的很多行为是不可思议的。如果后来他们不能成为一个天才，他们的这些举止将永远成为别人的笑柄，更会成为他们是傻子、疯子的有力证据。

2. 换位思考，挖掘出孩子"行为"背后的积极动机

法国儿童喜剧片《巴黎淘气帮》里有这样一群孩子，他们为了让妈妈高兴，就趁着妈妈不在家的时间，想给家里来个大扫除，结果是把家里弄得一塌糊涂，沙发被划破了，地板被擦花了，甚至家里的小猫都"不幸"被扔进了洗衣机。其实不少家庭都发生过这样的事，孩子为了讨好大人，好心办了坏事，因为他们没有生活经验，此时，我们不能责备，而是应该告诉他方法。

3. 从孩子的行为中开发其潜能

孩子看似一些捣蛋调皮的行为，其实正是他们与乖孩子的区别，也是他们具备某一潜能的体现，不少天才之所以能成功，就是因为他们的父亲或者母亲能看到他们行为背后的潜能，知道那些举止是天才诞生的开始，就有意识地支持孩子的行为，帮助他们开发潜能。

总之，父母要明白一个道理：解读孩子的行为，便于更好地教育孩子，天才就是这样教育成的。也就是说，如果我们能走进孩子的内心世界，真正了解孩子的"行为"，去引导，去鼓励，去帮助，去发现，孩子就能健康成长、顺利成才！

第4章
换位思考，培养孩子好的性格和价值取向

真正理解孩子，让孩子把你当自己人

小雨是个成绩优异且自信的女孩子。

在五年级的时候，老师让她参加学校的演讲比赛，她犹豫不决，最后她想问问妈妈的意见。

"这是件很好的事，你去报名了吗？"

"还没有。"

"为什么？是不是没有想好？"妈妈问。

"比赛时台下会有很多人看，我有点害怕。"小雨很激动，毕竟这是她第一次参加这种竞赛活动。

"我能理解你的心情，妈妈读书的时候遇到这样的情况也会很紧张，但是要是参加竞赛的话，也可以锻炼锻炼自己，不过这件事你还是自己决定，我只是告诉你我的想法。"妈妈鼓励道。

后来，小雨自己决定参加这次演讲比赛。

案例中，小雨的妈妈是位家庭教育的有心人，她也是明智的，她让孩子自己作决定，并且能理解孩子的心情，最终，孩子接纳了她的意见。

我们都知道，任何父母，都希望自己的孩子把自己当朋友，对自己倾吐成长中的烦恼与快乐，然而，孩子愈大愈难与他们沟通，这是很多父母共同的感受。这是为什么呢？其实，孩子也想对父母说实话，只是很多父母不懂沟通技巧，在沟通中多半端着家长的架子，甚至和孩子置气，孩子又怎么愿意与你沟通呢？因此，聪明的父母会使用一些沟通技巧，让孩子把自己当成"自己人"，这对维持亲子间良好的感情关系很有帮助。

生活中，我们常常发现，同样一个观点，如果是自己喜欢的人说的，接受起来就比较快和容易。如果是自己讨厌的人说的，就会本能地加以抵制。有道是："是自己人，什么都好说；不是自己人，一切按规矩来。"同样，在家庭教育中，如果我们也能让孩子把我们当成"自己人"，那么，就会拉近彼此之间的心理距离，孩子也会消除心理压力，就不会对你心存戒备备，沟通就会产生良好的效果。可见，如果我们懂得如何和孩子沟通，让孩子把我们当"自己人"，孩子是愿意和我们沟通的。具体来说，让孩子把我们当"自己人"，需要我们做到：

1. 语气应温和，态度友善

父母与孩子说话，最好避免用尖锐的语气和带有恐吓的声音，而应尽量对孩子微笑，用欢快、平和的语气与孩子沟通，这样，能让孩子感受到你的爱。

2. 多说"我"，少说"你"

为了让孩子觉得你和他是站在统一战线、是为了他好，你在说话的时候，不要总说"你应该……"，而应常说"我会很担心的，如果你……"。

3. 分享孩子的感受

无论孩子是向你们报喜还是诉苦，你们最好暂停手边的工作，静心倾听。若边工作边听，也要及时作出反应，表示出自己的想法或感受，倘若只是敷衍了事，孩子得不到积极的回应，日后也就懒得再与大人交流和分享感受了。

4. 尝试跟孩子交朋友

事实上，孩子都渴望交朋友，这就是为什么他们会有自己的朋友圈子而不愿与父母交流、对父母的观点嗤之以鼻了，而父母要是和自己的孩子交上了朋友，那就无须再为不知道怎么跟自己的孩子交流而烦恼。

5. 多用身体语言

作为父母，我们要让孩子感受到，无论什么情况下，你都是爱他的，即使他做了错事。事实上，有时不说话，而利用身体语言，如微笑、拥抱和点头等，就可以让孩子知道你有多么疼爱他，不只是在他表现良好时。

同时，与孩子身体接触，能拉近与孩子之间的距离，不难发现，有些父母只是在孩子还很小的时候才会亲孩子、抱孩子，而孩子长大一点后便忽视了这一点。然而身体接触可以令孩子切身体会父母的关怀。同时别忘了接纳孩子对你们的爱意。

总之，理解孩子的感受、从孩子的角度沟通，对于父母来说,就是要让孩子感受到,父母是理解他的,是能够从他的角度思考和解决问题的,是和他站在同一个立场的。

爱孩子,就别拿自己的孩子与别的孩子做比较

这天,在某小区门口,十一岁的强强和小飞打起了架,路人叫来了他们的父母。问到原因,强强说:"我妈总说王飞好,每次考完试,她都说,你怎么不学学人家王飞,人家能拿第一,你怎么就不行?要是我做错了什么,她就说,你怎么这么没出息,你看人家王飞多听话……如果王飞那么好,为什么她不去认王飞做自己的儿子?"

旁边的强强妈很吃惊,原来自己平时无意中说的几句话对孩子的伤害这么大,于是,她对强强说:"乖儿子,妈妈错了,妈妈之所以那么说,是希望你能向王飞学习,做个听话、爱学习的孩子,妈妈没想到这些话那么伤害你,希望你能原谅我好吗?"听到妈妈这么说,强强流着泪抱住了妈妈。

生活中的很多父母,可能都有这样一个习惯,喜欢拿自己的孩子与别人的孩子做比较,总觉得自己的孩子没有别的孩子的优秀,不知不觉地会用其他孩子的优点来比自己孩子的缺

点，嫌自己的孩子不够优秀，于是，他们常常对自己的孩子说"你看你，怎么这么笨，这点小事都做不好，你看你的同学××多懂事""怎么又考这么差，你看××，回回都是第一名"等话语，可能这些是父母们无心的话，但说得多了，难免会留在孩子的心里，对他们造成伤害，久而久之，他们就会像父母认为的那样，也认为自己笨、毫无优点、没有自信心等。无形中，孩子的心灵被扭曲了，这样的后果是惨重的。

其实，父母都爱自己的孩子，拿自己的孩子和别人家的孩子对比，也是出于善意，希望他们能向优秀的孩子学习，超越别人，为父母争光争气。但是，有时候善心也会做坏事，爱孩子，就不要拿自己的孩子与他人做比较。任何一个孩子，都会反感父母将自己和其他人进行比较。

1. 看到孩子的优点，赞扬他

父母对孩子的期望态度一样会影响他。如果你认为你的孩子是优秀的，那么，他就会按照你的期望去做，甚至会全力以赴让自己变得优秀起来；反过来，如果你总是挑他的缺点、毛病，那么，他就会产生一种错觉：我不是好孩子，爸爸妈妈不喜欢我，我好不了了。因此，家长积极的期望和心理暗示对孩子很重要。

可见，对于儿童孩来说，他们最亲近、最信任的人是父母，因此，父母对他们的暗示的影响是巨大的，如果他们长时间能接收到来自父母的积极的肯定、鼓励、赞许，那么，他们就会变得自信、积极。相反，如果他们收到的是一些消极的暗示，那么，他们就会变得消极悲观。

2. 即使批评也要顾及孩子的面子

心理学家曾经做过一个调查，调查题目为——"孩子最怕什么"，结果表明：孩子最怕的并不是学习，并不是生活艰难，而是怕被打击，怕没面子。

对于孩子来说，虽然他们还很小，独立意识尚未形成，但也开始在意别人的评价，而他们最在意的是父母的看法。

一些性格敏感的孩子，自尊心更强，更爱面子，作为家长，我们不要总是拿自己的孩子和别人家的做对比，这样孩子会感觉到没面子，也不要当着很多人的面说孩子的缺点、数落孩子，因为孩子每一个行为都是有原因的。这是由他的心理生理年龄特点所决定的。也许这些原因在成人看来是微不足道的，但在孩子的眼里那是很严重的事情，不了解原因当众批评他，非但不能解决问题，反而会使问题变得更糟，使孩子产生逆反抵触情绪，导致对孩子的教育很难进行下去。

3. 根据自己孩子的特点进行教育

任何父母都不要拿自己的孩子和其他孩子做对比，而根据自己孩子的特点进行教育。例如，你的孩子脑子迟钝一些，教育孩子笨鸟先飞，多卖些力。孩子有了进步就应该鼓励。只要孩子付出了努力,已经尽其所能,父母就不要提出过高的要求。

总之,聪明的家长要明白,任何人都渴望被赏识和赞扬,我们的孩子也是。因此,无论何时,我们都不能拿自己的孩子和其他孩子做对比,而要看到他们的优点,并给予他们鼓励,相信你的孩子会变得更优秀。

敞开心扉,和孩子讲讲自己的心里话

平平是小区里有名的品学兼优的好孩子,所以他的妈妈王阿姨也成了小区里的大红人,经常走着走着,就有邻居前来请教教子良方。

这不,楼上的张阿姨又来"取经"了。

"小王啊,真不知道你们家平平怎么那么乖,我们家的太难管了,我们平时那么辛苦,还不是为了给他创造一个好的条件,为什么孩子们似乎都不理解呢?有什么心事也不跟我们说,长大了,我们也管不了,哎……"

"其实吧,孩子是渴望跟我们沟通和交流的,但我们大人却摆在了长者的位置不肯下来,孩子无法感受到平等,自然也就不愿意与我们交流了。"

"那怎么才能让孩子开口呢?"张阿姨问。

"想要让孩子主动说，我们就要先说，主动向孩子倾诉，让孩子也了解我们的感受，沟通是双向的嘛。像我们这样的中年人，在单位工作压力很大，工作了一天，回到家里，真的很累，有时就不想说话。甚至还免不了受一些闲气，心里很窝火，脸色不自觉地就有些难看。但我现在总在进门之前提醒我自己：调整好心态，当孩子开门迎接你的时候，给他一个笑脸。等自己心情好点的时候，我们会坐在一起，我主动开口，说自己在单位的那些事儿，平平一般都能理解我的感受，他有时还会来安慰我。只有先主动倾诉，才会让孩子觉得你容易亲近，才会愿意与你倾诉，如果你冷落孩子，根本不理他，他就会到外面去找能安慰他的人。为什么有的小孩子会结交社会上的不良少年，会早恋？原因当然很多，但我觉得其中根本的一点，就是缺少家庭的关怀，缺少亲情的温暖。不过，这也是我个人的想法。"

张阿姨听完，连连点头，看来，平平妈的话对她起作用了。

生活中，不少父母抱怨："孩子一天与我们说话都不到三句，跟我们的关系越来越疏远，就喜欢跟同学泡在一起，由着他们这样自由交往，不'变坏'才怪！"其实，孩子逐渐长大，这是从依赖走向独立，从家庭走向社会并逐步适应社会的重要阶段。可以说，父母操碎了心，他们拒绝与父母沟通，有时候并不是孩子的过错,而是父母的态度让他们欲言又止。而聪明的父母,在向孩子"施爱"的时候,还懂得"索爱",因为他们懂得,沟通是双向的,让孩子打开心门的第一步就是先开口坦诚自己的内心,让孩子了解自己。

另外,讲讲自己的心里话,也可以让孩子懂得感恩,不少家长在"爱"的问题上,只尽"给予"的义务,不讲"索取"。这时,家长们的爱就会贬值,孩子们会觉得父母的爱是应该的。有时候父母扛着生活艰辛的担子,只要孩子好好学习,哪怕再苦也值得,而孩子根本不理解,很多时候是因为父母不给孩子了解的机会,当孩子知道父母的辛苦后,感恩之心会油然而生,学习的动力也就更明确了。

作为家长的我们,应当顺应孩子的生理和心理的成长,在教育方法上也要做出调整,把孩子当成朋友,彼此之间应该平等地对话、交流内心世界,具体来说,我们应该做到:

1. 你的孩子已经长大了,有一定的担当能力

父母首先要把孩子当作一个完整的、独立的个体来对待,而不是自己的附属品,孩子虽然还处在成长的阶段,但已经具备了一定的解决问题的能力,因此,不要认为孩子还小,不能让他知道得太多,会影响孩子的学习等。孩子是家庭成员之一,当你与孩子共商家庭计划时,孩子会感受到被尊重,当他再遇到成长中的问题时,也愿意拿出来与家长一起"分享",

共同寻找解决问题的办法。

2.孩子遇到难题的时候,告诉孩子我们是怎么做的

慢慢长大的孩子一定会遇到一些成长中的烦恼,慢慢变老的我们一定会和他们"过招",当孩子怒火燃烧的时候,我们做家长的切忌火上浇油、自乱阵脚,我们可以运用一种叫以柔克刚的方法。抱怨、不屑的言语只是他们在表达自己对事、对人的看法,只是还有待找到最合适的方式,我们需要等待。也就是说,无论孩子的情绪如何,作为家长的我们一定要心平气和,先平息孩子的情绪,然后告诉孩子自己曾经是怎么做的。

讲述自己的经历,用自己的经历引起孩子的沟通兴致

刘太太的单位在儿子所在中学的对面,所以每天下班后,她都会等儿子一起回家。

这天下午,和平时一样,看到儿子从学校出来后,发现儿子不对劲,因为儿子一直是个爱笑、整天乐呵呵的人。

所以,刘太太马上问:"怎么了?有什么不开心的事情?"

"体育课真烦人!"听到儿子这么说,刘太太猜出了大致情况,最后一节课肯定是体育课,高强度的体育锻炼肯定很辛

苦，但如果因为累就放弃体育锻炼的话，就太可惜了。于是，她准备开导一下儿子。

"今天练习的是什么项目？"

"百米短跑冲刺。"

"累不累啊？"刘太太继续引导。

"累啊。烦死人了。"

"是不是本来心里就烦啊？"刘太太问。

"嗯。"儿子沉着脸哼了一声。

"要学会淡定嘛！"刘太太开玩笑地说，"而且，凡事你换个角度看，坏事就变成了好事。跟你说个秘密，其实，妈妈以前在学校，曾被称为'飞毛腿'呢，不信？一会儿我回去给你拿每次比赛的奖状看看。记得刚上学的时候，我是个病秧子，几乎每个星期都要去医院，但后来，你姥爷就带我去锻炼身体，什么爬山、跑步，不到半年，我就变成各项全能了。你现在完全有你老妈当年的风范啊，在锻炼的过程中，我也遇到过很多问题，体育锻炼毕竟是体力活，自然不如上网玩游戏、看电视、逛街有意思，但只要我们坚持下来，那么，不仅对身体有益，更会磨炼我们的意志，你说呢，儿子？"

"那倒是，不过我可真没想到，您这个看上去文弱的女职员以前居然是体育全能，真看不出来……"儿子惊讶地看着妈妈。

"走，现在就回家给你看证据……"

这里，我们看到了一个母亲在儿子体育锻炼开始气馁时的一番鼓励性教育。日常生活中，可能很多父母喜欢用说教的方式——"如果你不锻炼，你中考怎么办？""不要放弃，坚持下来！""真是没用，遇到一点问题就退缩！"等。无疑，对于成长中的孩子，这些说教可能会起到反作用，甚至他们完全拒绝与父母沟通，而如果我们能站在孩子的角度，重述自己的经历，让孩子明白父母当年是怎么做的，那么，他们一定能找到如何解决问题的办法。

的确，为人父母者，和现在的孩子一样，经历过很多成长中的烦恼和疑惑，情感细腻的他们更希望得到作为过来人的父母的指导，但渴望独立的他们，又并不愿意主动请教父母，因为这等于在向父母宣告他们依然不成熟，依然依赖父母，当然，他们更不希望父母以教训的口吻或者说教的方式传授经验，此时，作为父母的我们，一定要选择一个温和的方式帮助孩子，让孩子明白自己曾经是怎么做的，这不仅会让孩子接收到一个正确处理问题的信号，更能拉近你与孩子的心理距离，有利于亲子关系的维护！

那么，面对孩子在成长中遇到的一些困惑，具体来说，我们该如何疏导呢？

1. 孩子无论遇到什么，我们都要先冷静下来

孩子毕竟还小，是冲动的，很可能做了一些错事，或者暴

躁易怒，但不管孩子做什么，我们都不能对孩子发脾气，因为他们是无助的，需要家长的帮助，如果你大发雷霆，孩子还怎样与你沟通？因此，无论遇到什么，我们都要先冷静下来，做到心平气和，然后平息孩子的情绪，再告诉孩子自己曾经是怎么做的。

2. 闲暇时，多以自己的经历入题，与孩子畅怀沟通

现实生活中，为什么我们的孩子不愿与我们沟通？这固然与孩子有关，但也与家长自身有很大的关联——我们放不下家长架子、说话太过严肃等，我们还可以发现，那些与孩子相处融洽的父母，都有一个杀手锏，那就是有亲和力、说话温和，甚至偶尔会拿自己开玩笑等。

为此，我们不妨借鉴一下，多主动与孩子接触，可以向孩子阐述自己在日常生活中遇到的事，如一些无伤大雅的糗事、某些光荣事迹、闹过的笑话、学生时代情感经历等，当然，我们还要注意，如果你的孩子觉得你的经历很无趣，就要及时转换话题，避免尴尬。

第5章

给予建议式谈话，培养孩子的思维力和判断力

家长都是望子成龙、望女成凤的，很多时候，我们都认为自己的经验、自己的看法就是对的，就是为了孩子好，因此当孩子不听话时，一些家长就采用命令的方式，而这一方式带来的是孩子的叛逆，带来的是孩子对家长封闭内心。其实，孩子的成长是他自己的，我们无法代替，我们应该让孩子自己作决定，他们需要的也只是建议，而非命令。用这样的心态与孩子沟通、引导孩子，才能让孩子的思维能力和判断能力不断提升。

允许孩子有一定的自由，不要过度干涉

曾经在美国的一家大公司的集体办公室内，有一个漂亮的鱼缸，鱼缸里有十几条名贵的金鱼，凡是进进出出的人都会被这十几条美丽的鱼而吸引。

这些鱼来这家公司的两年时间内，它们一直保持在三寸的长度，它们也过得自得其乐。可是它们的命运在一次偶然的事件中改变了。

有一天，董事长调皮的儿子来找父亲，结果一不小心将鱼

第 5 章
给予建议式谈话，培养孩子的思维力和判断力

缸打碎了，可怜的小鱼没有了安身之地，大家都急忙为小鱼寻找各种容器。最终，一个聪明的职员发现院子内的喷水池很适合养鱼，于是，职员们把那十几条鱼放了进去。

两个月后，这家公司的董事长吩咐工作人员买来一个新的鱼缸，职员们纷纷跑到喷水池那里去"迎接"小鱼回家，十几条鱼都被捞起来了，但令大家惊讶的是，仅仅两个月的时间，那些鱼竟然都由三寸来长疯长到了一尺！

到底是什么原因让这些小鱼在两个月内长这么多？原因有很多，可能是喷水泉的水更适合鱼儿生长，也有可能是水中含有某种矿物质，也有可能是鱼儿吃了某种特殊的食物，但无论如何，我们不能否定的一个重要因素是，喷水池要比鱼缸大得多！

其实，对于孩子的教育，何尝不是这样呢？鱼儿需要广阔的空间生长，孩子也需要自由的空间。当你的孩子慢慢长大，你就应该学会放手，如果你还有想要为孩子安排一切的冲动，那么，你必须克制住自己。

我们的孩子都希望得到父母的理解，都希望生活在一个民主型的、和睦的家庭中，这样的家庭才会给孩子一个温暖的港湾；当家庭不和睦时，孩子就会"有被抛弃感和愤怒感，并有可能变得抑郁，敌对，富于破坏性，……还常常使得他们对学校作业和社会生活不感兴趣"。

每一个父母,都应该作为孩子成长路上的引导者,而不是强制者,应该给孩子建议,而非命令,这样,才能让孩子自由成长,让孩子感到来自父母的尊重和爱,而他们也会更加爱你。

为此,儿童心理学家建议父母:

1. 尊重孩子的需要,让孩子自由探索

孩子的世界和成人的世界是不同的,对于他们成长道路上看到的很多事物,他们都会感到新奇,都有想探索的欲望,这也是孩子在成长过程中的一种本能的需要。对此,我们应该尊重孩子的需要,让孩子自由探索,这样,他才有更多的生活的体验,才能成长得更快。假如我们剥夺了孩子的这种权利,那么,他们就体验不到这种乐趣,也会变得越来越没有自信。

2. 不要过度保护孩子

孩子的成长过程虽然充满了恐惧、战战兢兢,但也是充满乐趣的。他们会摔跤,但作为父母,我们不能扶着孩子走,因此,如果你的孩子想尝试,那么,你应该鼓励孩子,让孩子有尝试的勇气,而不是说:"算了,多危险,不要做了。""小心点,你会伤害自己的!""你不能做这个,太危险了!"这样,孩子即使想尝试,也会被你的提醒吓退的。

3. 尊重孩子的天性,让孩子决定自己的未来

所有的父母都希望孩子长大后能有出息,但并不是所有的父母都能做到不干涉孩子选择人生,他们在为孩子设计未来

时，多半不会考虑孩子的天性、优点等，而是按照自己的意愿。在这样的教育模式下培养出来的孩子是很难有突出的个性品质的，也多半是不快乐的。

总之，孩子的成长需要自由的空间，因此，要想孩子平安、快乐地度过童年，父母就需要给孩子提供足够的自由空间，而不要限制孩子的自由。

给予孩子真诚的建议，而不是命令

家庭是社会的细胞，也是一个团队，而家长就是这个团队的领袖。可能很多父母发现，孩子还小的时候，自己在孩子心中的形象是伟大的，孩子什么都愿意跟自己说，但随着孩子逐渐长大，他们开始厌烦父母，尤其是讨厌父母以命令的口吻与他们交流，而父母则认为这是孩子不听话的表现，于是，便采取压制的措施，正因为如此，亲子之间的关系很容易变得紧张，甚至无话可说。

"看到孩子总是以一副不耐烦的神情跟我说话，我的脾气也不会好到哪里去。他声音大，我的声音就要更大，情绪一上来，哪里顾得上风度、民主，我就记得我是他老爸，怎容得他这么放肆？其实，他如果以冷静的态度跟我分析他的想法，我又何尝会倚老卖老呢？我都这么大年纪了，怎么会不讲道理呢？"可能很多家长面对的孩子，都是这样的态度。

而其实，我们的孩子正在逐渐长大，他们会遇到很多成长中的问题，此时，他们需要的是父母贴心的建议，而非命令。

那么，在日常生活中，我们该如何与孩子沟通呢？

1. 给孩子表达意愿的机会

相当一部分家长害怕孩子走了错路，习惯于事事为孩子作出决定，而少有征求孩子的意见；一旦孩子不遵从，就大加责备。其实孩子也有自己的想法，家长在任何时候都要注意让孩子充分表达自己的意愿。

比如，在购买东西时，要告诉孩子，不能买的东西，就不能买，不能因为孩子的任性就满足孩子，要让他们明白，有些时候，想要的东西，不一定非要得到，有些欲望是不能满足的。同时，他的东西，尽可能让他自己选，孩子都有自己的一些兴趣和爱好，不过，父母还是要最后把关的，如孩子选的东西太贵的话，就告诉他，这个太贵了，我们买不起。孩子就知道要换一个便宜点的。

2. 用启发式的话语代替命令

很多家长在要求孩子做事时，往往喜欢使用命令句式，而这种语气会让孩子觉得家长是说一不二的，自己是在被强迫做事，即使做了心里也不高兴。

家长不妨将命令式语气改为启发式语气，如"这件事怎样做更好呢""你是否该去干……了"，这种表达方式会让孩子感觉到家长对自己的尊重，从而引发孩子独立思考，按自己的意志主动处理好事情。

3. 耐心倾听孩子讲话

耐心倾听孩子讲的每一句话，鼓励并引导孩子自由地表达思想，既体现了家长对孩子的尊重，同时也能有效地培养孩子的自主性。家长可从以下几个方面加以注意：

（1）静听孩子的"唠叨"。对于孩子的话，家长千万不要嫌孩子啰唆和麻烦，因为这种"唠叨"恰好是孩子愿意与你沟通的体现，他是试图向成人表达他自己对这个世界的看法。因此，家长不仅要静听孩子的"唠叨"，还要鼓励孩子多"唠叨"。

（2）勿抢孩子的"话头"。不少家长在听孩子讲话时，有时会觉得他的语句、用词不够成熟，喜欢抢过孩子的"话头"来说，这样做无疑剥夺了孩子说话的机会，同时也会让孩子对以后的表达失去信心。因此，在孩子想说话的时候，即使他词不达意，家长也应让孩子用自己的语言把意思表达出来，不要抢做孩子的"代言人"。

（3）留意孩子给你的报告。家长可随时随地提醒孩子注意观察事物，给他探索的机会，观察之后，还应问一问他看见了

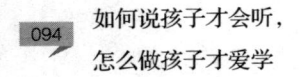

些什么，学会了些什么。当他向你作"报告"时，作为父母，你应该留意倾听并适时点拨，这样会令孩子受到鼓舞。

（4）聆听孩子的"辩解"。当孩子为自己所做的事与家长争辩时，家长千万不能斥责孩子"顶嘴"，要给孩子充分的辩解机会；当他与他人争吵时，家长也不需要立即去调解纠纷，可以在旁聆听和观察，看他说话是否合理，是否有条理。这对培养孩子独立思考的能力大有益处。

总之，培养孩子，多建议而非命令孩子，不但能融洽彼此关系，更能教育出有主见的孩子！

给孩子发表自己意见的机会

我们都知道，一个人自立的第一步，是从思想上的独立开始，也就是要独立思考，在家庭教育中，作为父母，我们首先要给孩子发表自己意见的机会，言由心生，父母才能了解孩子的内心世界，才能因材施教，才能慢慢地划清与孩子的情绪边界，让孩子做到思维和情感上的独立。

家庭教育是孩子接受的第一任教育，孩子是一个独立的生命，而不是作为父母的附属品存在，让孩子发表意见，就能逐渐让孩子当家、自立！

其实，从孩子出生时，他们就有发表意见的要求，如用手去触摸自己喜欢的东西，不喜欢陌生人接触自己时就大声地哭闹，对于孩子的这些行为，我们都正确地解读了，可是随着年龄的增长，父母为什么又把这种自主权搁浅了呢？压制孩子发表意见，就是压制孩子的主见，这对孩子的成长是极为不利的。

具体来说，父母应该注意以下几点：

1. 尊重孩子

孩子不是可以任由父母摆布的"玩具"。在家庭教育中，家长应像尊重成人一样尊重孩子，把自己放在与孩子平等的位置上，遇到问题换个角度去想想，寻求与孩子心理上的沟通。当孩子从父母的尊重和爱护中找到自信和自身价值的时候，他们自然而然就学会了尊重父母、尊重他人。

家长要把孩子看作一个独立的人，他有权发表自己的意见，父母不必过多地限制，家庭生活中出现的一些问题，要让他自己去判断、思索、体验。当然，尊重孩子的人格和自我意识并不等于放任孩子。在他成年之前，父母可以引导他，帮助他辨别是非，培养他们独立思考，学会选择自己的人生目标。

尊重孩子，还要尊重孩子思维的个体差异。孩子间是有个体差异的，每个孩子都是不同的，可有些家长总喜欢拿自己的孩子与别人的孩子做比较。当自己的孩子比别人强时，父母就沾沾自喜；反之就不停地数落、讽刺、挖苦孩子，这样很容易使孩子消沉、迷惘。孩子由于年龄小，见识少，他们往往以父母、他人的评价来评价自己，过多的批评、责骂容易使年幼的孩子迷失自我，更不敢说出自己内心的真实想法。父母要有足够的勇气承认并正视孩子间的差异，要怀着沉稳的心态耐心引导孩子，以他们自己的速度成长。

2. 不要压制孩子的想法

父母当然比孩子拥有更大的权利，甚至有权让孩子完全得不到任何权利，但这么做的后果是造就一个本性温柔但却没有主见、没有责任感而且脾气暴躁的孩子。

其实，疏导是比围堵更好的手段。而且，孩子拒绝父母要他做的事，不是要反对父母，只是想对自己的事有主导权。如果父母理解并尊重这一点，那么，对孩子的发展是有利的。

3. 支持孩子在小事上自己拿主意

当冉冉几次不肯睡觉时，妈妈对她说："冉冉，我相信你一定能管好自己的，因为你明天7点要起床。所以，你自己会在9点前上床睡觉，我相信你会自己注意时间。"果然，冉冉听话多了。

其实，家长可以支持孩子自己管理自己，并提醒他界限何在。当孩子做选择时，他觉得自己的确享有主导权，这一点会令他开心。又或者可以问他："你想要先听故事呢，还是先换上睡衣？"两种选择都暗示他该睡觉了。

4. 父母保持适当的权威

许多家长也许在自己的孩童时期，所接受的教养方式是极端权威的，父母说一，他们决不敢说二，所以，他们从未享受发表自己意见的权利。于是，他们把这种教育方式传达给了自己的孩子。如果孩子所争取的是对他自己的自主权，而不是对父母的或其他人的管理权，那么他的要求就没什么不对。父母应将大人的权力保留在适当范围内，别将它过分延伸到孩子身上。但同时，也要让孩子尊重父母的权威。

比如，你的女儿选择了8：45上床睡觉，但时间到了，她仍不肯上床，你这时要严格要求她："因为你今天答应的事情没有做到，所以明天你没有选择，一定要在8：30上床。"家长说出口的话，一定要严格执行。

我们的孩子从襁褓时期对父母完全的依赖，到发展自我意识、建立自信、试验探索，终于长成一个独立的人，这都需要主见的培养。要想孩子有主见，父母可以遇事问他的看法和想法，不管是幼儿园的事还是家里发生的事，报纸上刊登的事，或者是路上看到的事，包括爱吃什么，爱穿什么，爱玩什么都要问他原因。从日常这些小事中，学会让孩子独立地发表自己

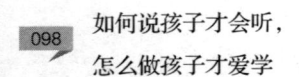

的意见，让孩子学会独立思考，慢慢地，孩子就形成了遇事靠自己的习惯，并且，在这一过程中，孩子感受到了来自父母的尊重，也自然愿意与父母沟通！

让孩子学会为自己"做主"

然然是个很可爱的女孩，但令父母惊异的是，这么小的女孩居然总是有自己的想法。

然然说："我已经4岁大了，不再需要别人告诉我该做什么、该怎么做，我想自己做主，掌握一切事情。"

"妈妈要我上床睡觉时，可我不想睡，有一个好办法可以拖延时间，如不断提出问题，妈妈没回答完，我就不必睡觉。"然然希望自己控制睡觉前的活动，于是会选择性地要求妈妈讲故事、唱儿歌给她听、陪她在被窝里玩一会儿，或者再回答她一个问题等。

当妈妈满足其种种要求后，准备离开她的房间时，然然再提出"最后一个"问题。而这个"最后"的问题常常不止一个。于是，请自己可爱的女儿上床睡觉变成整个家庭中相当冗长的仪式。

然然的这种表现就是这个年龄段孩子要求自主的外在反映，是孩子要求父母接受自己意见的方式，随着年龄的增长，孩子能从环境中慢慢地体会到"权利"的存在，也相信自己有运用"手段"的能力，如利用提问题的方式规避睡觉；这种情况下，她感觉到自己的权利受到了肯定，甚至感觉到父母对自己的重视和无奈，相反，她很开心。父母对女儿的这种"自主"的要求，应该感到开心才对。毕竟，要培养出一个有判断力、责任感的孩子，前提是父母必须懂得权利的授予。所以说，孩子希望自己决定上床的时间，父母可在接受的范围之内，给予孩子一定的权利，这样才是双赢的做法。

可能很多父母会认为，孩子只要听话、省心就好，然而，这样的孩子是无法真正立足于社会中的，也很容易迷失自己。

父母如何在日常生活中培养孩子的自主品质呢？

1. 尊重孩子的爱好，鼓励他做自己喜欢的事

孩子一会儿喜欢做做这个，一会儿试试那个，家长便会担心孩子存在无心学习，或者染上什么不良的习惯、会接触社会上那些坏孩子等问题。有时候，我们越是干预，越是阻止，孩子越是义无反顾地去做。其实，我们应该做的，首先就是相信他，你要告诉他："无论你选择什么，爸爸妈妈都相信你，但是你也要做出让爸爸妈妈相信你的事情，在保证学习不受影响的情况下，爸爸妈妈允许你做自己喜欢的事。"

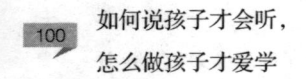

2. 给孩子表达意愿的机会

有相当一部分家长，喜欢事事都为孩子作决定，从不征求孩子的意见。

孩子是喜欢探索的，作为父母的我们，要学会引导他们的想法，而不是一味地压制和制定规则，如果你总是告诉孩子不许做这个，不许干那个，那么，孩子很有可能变成什么都不敢尝试的懦夫。

3. 让孩子随时随地自主选择

家长对孩子自主选择的尊重，可以体现在最简单的日常生活中：

（1）吃得自主。当孩子能力所及时，在不影响他饮食均衡的情况下，家长可以让孩子自己选择吃什么。例如，饭后吃水果时，家长不必强迫孩子今天吃苹果，明天吃香蕉，而让孩子自己挑选。

（2）穿得自主。孩子也喜欢好看的衣服，家长带孩子外出玩耍时，在保证安全、健康的前提下，可以让他自己决定穿什么衣服，切忌随自己喜好而不顾他的感受。

（3）玩得自主。不少孩子在玩游戏时，并不想让成人教给他们游戏规则，更愿意自己决定游戏的方式，并体验其中的乐趣。家长可让孩子自己选择玩具和玩法，这样做可以极大地满足他的自主意识，使他成为一个有主见的人。

当然，我们家长不给孩子制订太多的规则，不代表没有规则。具体事情要具体对待，可根据他出现的问题临时性给他制订规则，但一定要征求他的意见，请他参与到规则制订中来。

引导孩子自己思考、选择和决定

我们都知道，任何一个人的成长都要伴随着各种各样的痛苦，就像婴儿出生一样，不通过痛苦的挣扎，就不能脱离母体成为自己。成长就是一个不断经历挫败、忍受痛苦，面对困难的过程，失败和痛苦是生命的必然。有的父母怕孩子承担痛苦，尤其是在遇到一些重大抉择的时候，他们会为孩子决定一切，以过来人的眼光为孩子打理好一切。久而久之，孩子会对父母形成一种依赖，面对选择的时候，就会有一种无助感，发现离开父母什么都不行，丧失信心和勇气，成为父母眼中"听话的好孩子"。

谈及孩子的教育，几乎无不以孩子是否"听话"论成败。"听话"则出息，反之则不会出息。的确，一个"听话"的孩子，看起来是那么令人满意：他听大人的话，不打架，不爬高，不惹事；他听大人的话，老师说什么就做什么；他听大人的话，从不违背父母的意志。如此等等，他因此获得大人们一片称赞。

　　但试想一下，这样的孩子能真正自立吗？难道一个从小在"听话"中长大，从来不需要自己作选择、自己作决定的孩子，一旦走出校门，走出家门，就能够"独当一面，撑立门户"了吗？他能从容地去面对今后的各种打击吗？我们发现，那些一贯"听话的好孩子"，到了社会上，他们的成就似乎并不出色，甚至不及那些"不太听话"的孩子。

　　因此，作为家长，必须接受孩子成长中痛苦的过程，让孩子自己作出选择，承担后果。

　　有这样一个华人，在美国一个家庭目睹的两个例子。第一个例子：饭桌上，2岁多的儿子不肯喝牛奶，要像大人一样喝可乐等各种饮料。第二个例子：还是这个孩子，这时已经4岁了。一次在饭桌上，不知为什么事大哭起来。两次都是当着客人的面。类似的麻烦，很多中国家长可能是这样处理的：

　　1. 迁就

　　因为客人在，图省事，迁就了孩子，只要孩子"听话"、不哭不闹，什么都可以答应。

　　2. 哄骗

　　"你现在把牛奶喝了，听话！爸爸明天带你去儿童公园。""你现在不哭，爸爸明天……"但你都是随口说说而已，自己心里不当真，但求孩子快点"听话"。

3. 训斥羞辱

"听话！不许喝（可乐）就是不许喝！不要以为有客人在，我会迁就你！""不许哭，难为情不难为情？当着客人的面！"你拿出做父亲的权威：严格不迁就。

4. 回避

"去跟妈妈讲，爸爸这里有客人。去，听话！""××，你把她带出去一会儿！这小孩，太不懂事！"然后你朝客人苦笑，摇头，表示"无可奈何"。

5. 说理

对孩子说牛奶如何有营养，"可乐"怎么对小孩健康不利；对孩子说吃饭的时候哭，如何会影响身体健康；"客人看看，××是不是一个听话的好孩子"，有时还邀请客人配合说理、哄骗、吓唬。你对孩子慈爱，教子耐心。而且，以我的猜想，也许，你的做法还常常没个定数，这次是迁就，下次是训斥，大都视你当时的心情而定。而正是你变化无常的沟通模式，让孩子学会了变化无常的行为反应。

那么，那位美国父亲是怎么做的呢？面对第一种麻烦，这位父亲每次都只有一句话："喝完了牛奶，可以在我杯里喝一口可乐。"隐含的选择是：你可以不喝牛奶，当然也没有可乐喝。请记住：口气坚决，是告诉孩子除此没有商量余地；态度和蔼，是父亲认为2岁孩子有这样的行为是正常的，不认为是

"不乖"。孩子选择喝完自己的牛奶,父亲说话算数,当场兑现,笑眯眯地允许孩子在自己的杯里喝一口可乐。面对第二种尴尬,父亲同样是和颜悦色,但语气严肃:"我们在谈话,要哭,你可以到你的房间里去哭;想坐在这里和我们一起说话,就别哭。"他同样不觉得孩子的行为使自己"尴尬",孩子选择了不哭。

可见,这是一个高明的父亲,他既没有批评责骂,也没有讲什么道理,他不强求孩子喝牛奶,也不直接制止孩子哭,他只是很具体地指出孩子可以选择的行为以及每种行为的结果。在整个过程中,父亲对孩子的沟通是具体的、明白的、民主的。这位父亲并没有要求孩子"听从什么话",只是要求他自己选择做决定。他是真正把孩子当作"小人"看:不管有没有客人,2岁的孩子吵着要喝可乐,不要喝牛奶,是正常的;饭桌上,4岁的孩子大哭也是正常的。父亲不会因此感觉"尴尬""失面子"。

注重让孩子自己做选择,能帮助孩子树立独立的信心,因为一个人做出什么样的选择,就是在描绘他今后的人生,对孩子的成长至关重要。

许多父母认为,孩子还小,由着他们自己选择作决定,还不乱套。而日常生活中不过都是一些琐事,处理"得当"最好,"不当"也难免,孩子从出生到长大成人,每个父母所面

第 5 章
给予建议式谈话，培养孩子的思维力和判断力

对的大都是诸如此类琐碎的日常生活中的小事，但孩子"成长的秘密"正是"发生"在这混沌的日复一日、大同小异的一件件小事中。当孩子刚开始具有理解能力，就应该让孩子在可能的范围内去选择。比如，对一个2岁的小孩，每天早晨，当他起床的时候，让他从T恤衫、裤子、袜子中挑选自己喜欢穿的衣物。父母们相信，孩子通过选择，能养成自理的能力。当他长大后，能从容地面对日常生活中许多重要的选择，即使他们承担了很负面的后果，但这是孩子成长的必经之路，没有痛苦，就无法成长！

当然，孩子自己选择作决定，并不是一切由着孩子说了算，也不是父母在任何情况下都不能对孩子有命令性、强制性要求，在一些重大事情上，父母对孩子的强制要求、行为规范是必要的，父母不可放弃作为孩子法定保护人的职责。但父母要把握一个"度"，不可事无巨细；都要孩子听从父母，不能越雷池一步。

下篇

这样引导孩子才爱学习

如何说孩子才会听，怎么做孩子才爱学

第6章

我为什么要学习——引导孩子树立正确的学习动机

知识改变命运，为人父母，我们都知道这个道理，更加明白读书是为了获取知识，为了让自己未来的人生路走得更平坦。然而，我们的孩子未必能理解，这就是没有树立正确的学习动机。一些孩子甚至认为读书是为了父母的面子，为了以后能挣大钱等，事实上，孩子如果不明白自己学习的动机，不明白读书的目的，就会把学习当成负担，把读书当成任务，学习成绩怎么可能会提高？对此，我们要引导孩子，帮助他们找到努力学习的动力！

让孩子明白他为谁而学习

任何人做事都有动机，学生学习也是如此，只有找到自己学习的动机，才会为之付诸行动，才有学习的动力。缺乏学习动机的孩子，一般都有以下表现：讨厌学习，上课开小差，思想不集中，不能按质按量地完成作业，学习活动、学习时间少，学习不努力，总是为自己的学习寻找借口，拖延时间，用

第6章
我为什么要学习——引导孩子树立正确的学习动机

其他活动来取代学习活动，占用学习时间。

那么，造成孩子缺乏学习动力的原因是什么呢？

影响孩子学习动机有很多因素，包括自身需求、家庭因素、学校的教育模式等。比如，作为父母，都希望自己的孩子以后能飞黄腾达，为自己争面子，而这一"自私"的心理，就很容易让孩子产生逆反心理，认为自己学习的目的是为了父母的面子；另外，中国的学校都以升学率为教学目标，这种单一化的教育目的也会影响学生的学习动机。另外，社会上的一些"拜金主义"、读书无用论等价值观念，都会影响孩子的价值取向，进而影响孩子的学习动机以及学习的积极性。

这是一个十五岁男孩的日记："从小就是妈妈管我学习，爸爸在外面挣钱。每次我除了做完老师布置的习题，还要完成妈妈布置的额外任务。记得有一次，妈妈对我说做完20道题就可以出去玩儿，然后她就去做饭了。为了投机取巧，我把前后几道应用题做完就说自己做完了，我想，妈妈是不会发现的，然后我就出去玩了。天黑的时候我才依依不舍地回家。

"一到家，我就觉得家里气氛不对，只见妈妈沉着脸叫我进屋，问我：'题都做完了吗？'我心虚地说：'做完了。'妈妈生气了，问：'真的吗？'我不敢说话，闷闷地站着。妈妈更生气了，说：'你为什么要撒谎？你以为你学习是为了谁？'我还是不说话。只见妈妈一下子冲到桌子面前，呼拉一下把我桌子上的笔、本子和书全都扫到地上，然后气呼呼地转身走了。

"我吓坏了，妈妈平时尽管对我也比较严厉，但是从来没有发过这么大的火，就算是她打了我，我也没有这么害怕过，因为每次妈妈打完我最后还会过来哄哄我的。我一个人呆呆地站在那里，不敢动也不敢说话，心想：要是以后妈妈再也不管我学习了可怎么办？屋子里渐渐暗下来，妈妈没有来，也没有人来叫我去吃饭。

"就这样不知道过了多久，我收拾好散落一地的书、本子和笔，鼓足勇气走到妈妈面前，对妈妈说：'妈妈，我错了，我不该骗您，以后我不这样了。'妈妈当然马上就原谅了我。

"虽然那次妈妈没有打我，但是真的把我吓坏了，从那以后，我再也没有骗过妈妈。但是，学习究竟是为了谁呢？"

看完这个案例，生活中的父母是否有共鸣，你的孩子是不是也这样？

事实上，我们的孩子之所以缺乏学习热情，很多时候就是因为学习动机不明确。他们认为学习、读书是为了父母的面子、老师的名声，正因为如此，他们会觉得读书、学习是一种负担，没有了学习动力，又怎么能学得好呢？

为此，我们一定要引导孩子认识到他们读书到底是为了谁，让他们明白，父母所做的一切都是为了孩子，应该理解父母的用心良苦。而努力学习、充实自己、培养自己的目的是让自己成为一个有用的人。如今的社会，竞争这么激烈，不学会一技之长来充实自己，又怎么具有竞争力呢？

因此，作为父母，我们要帮助孩子明确学习的目标，使其找到学习的动力。

1. 告诉孩子学习是为了自己

很多孩子对自己的人生路途比较迷茫，不明白自己为谁读书、为谁学习，更多的则认为是为父母学习，为了给父母争面子，而这种学习态度直接导致了他们对待学习和生活冷漠，没有热情，对什么都没有兴趣，觉得整个世界都是没有意义的，整个人看起来都无精打采，对什么都不在乎。

其实，作为父母，我们一定要告诉孩子：读书是为了自己，知识改变命运，是为了获取知识，为了让自己未来的人生路走得更平坦。只有鼓励孩子思考自己为什么读书、为谁读书，考虑清楚这个问题，他们才能找到学习的真正动力！

2. 阐述自己的经验，告诉孩子学习的重要性

孩子年幼的时候，可能不懂得为什么父母要我好好读书，但等到孩子大一些时，父母应有意识地向孩子阐述自己的经验，如你可以告诉孩子：在这样一个竞争十分激烈的社会中，没有知识，就等于没有生存的本领，每个人都要努力地为自己

的未来打拼。寒窗苦读的过程的确很辛苦,但这是每个人立于世的必经过程。

孩子有了这样的心态,即使他们在学习过程中遇到了很大的压力,也能找到适当的方式发泄。总之,孩子有了学习动力和目标,学起来才会动力十足,朝目标迈进!

了解你的孩子为什么抗拒学习

在家庭教育中,很多家长有这样的苦恼:孩子很聪明,但就是不愿意学习,这是怎么回事?孩子原来很喜欢上学,现在为什么不喜欢了呢?其实,孩子抗拒学习的原因有很多,作为父母,我们只有先找到原因,才能对症下药,帮助孩子重新建立学习的热情。

这天,一位母亲带着女儿来寻求心理咨询师的帮忙,这位母亲说孩子最近不想上学,在咨询师的引导下,孩子说出了心事:

"我是个挺在乎同学关系的人,我也在往这方面努力。但是,我感到同学们并不是都很喜欢我。可是,我们班上的另一个女孩却非常有人缘,她不当班干部同学们喜欢她,她当班干部同学们也喜欢她。您说,这是怎么回事?反正现在大家都冷落我，我不想去上学了。"

"我们先放一放你的问题，你能仔细想想那个同学们都喜欢的女孩有哪些表现吗？想起什么说什么。"

女孩沉思片刻说道："她喜欢帮助人。同学们谁有困难都愿意找她，只要是她能做的，她总是尽力帮助。她也常常主动帮助同学。她还总是微笑，她也不喜欢炫耀自己，她很少和同学闹矛盾，她还很善于说话。学习也很努力……"

"你能发现这些很好，你不必非要大家都喜欢你。世上哪有让所有人都喜欢的人呢？你今天专门来咨询这个问题，说明你将会更好地进行人际交往，将会和那个女孩一样让大家喜欢。"

很明显，案例中的女孩之所以有"不想上学"的想法，是因为她在学校的人际关系不是很好，而这也是很多孩子产生厌学情绪的原因之一。

我们的孩子从家庭来到学校，进入新的环境，他们都希望自己可以交到更多的朋友，可是在处理和同学之间的关系的时候，因为人生阅历的不足，造成一些失误。

当然，除了这一原因外，孩子抗拒学习的原因还有很多，如孩子学习动机不明、学习压力大等。的确，随着社会竞争的日益激烈，每个孩子都必须要掌握知识。正因为如此，不少孩子由天真无邪的童年开始进入背负压力的学生期，久而久之，他们似乎不再是为自己读书，而是为父母，除了每天紧张的学习外，他们还要面临残酷的学习竞争，一场场考试、一次次排名，把他们压得喘不过气来，久而久之，他们开始产生厌学的情绪。其实，缓解孩子的学习压力是个社会性问题，需要全社会的共同努力，但是做家长的负有最直接的责任。为了孩子的健康成长，每一个家长都要格外尽心和努力。

作为父母，我们要从以下方面努力：

1. 要下大气力解决孩子的学习动机问题

学习动机是孩子学习的根本动力，只有随着年龄的增长，不断地认识到学习目的中社会性意义的内容，孩子的学习才会有持久的动力。

一些家长爱用"不好好学习将来没饭吃""不读书一辈子干苦力"等话数落孩子，既没有给孩子讲道理，也没有直接激发孩子的具体实例，往往不起任何作用。

其实，兴趣才是最好的老师，孩子的学习也是如此，只有让孩子真的爱上学习，他们才能化压力为动力，因此家长要注意经常鼓励孩子，想办法激发他的兴趣，并潜移默化地向他灌输社会性理想，帮助他将目光投向社会、世界和未来。

小刚原来对课本学习不感兴趣，上课随便讲话，做小动作。班主任老师在一次家访中，发现了他爱饲养小动物。于是老师有意让他参加生物兴趣小组，并委托他饲养生物实验室的金鱼。由于他的兴趣得到合理引导，使得他不仅在课外活动中主动积极，而且生物课学习也表现得十分认真。

可见，孩子一旦对学习产生了兴趣，便会积极主动地投入，消除怠惰。

2. 找到孩子不喜欢学习的原因，对症下药

父母首先要和孩子自由沟通，以温和的态度和孩子探讨他为什么不喜欢学习。父母了解他的问题所在，就要为他解决。对于因学习困难而对学习不感兴趣的孩子，家长要耐心地帮助孩子找到困难的原因，帮助他掌握科学的学习方法。

3. 切实帮助孩子解决学习上的问题

很多父母关心孩子的学习情况，只是把目光放在孩子的成绩上，而没有认识到孩子有时候也需要家长在学习上的辅导与帮助，有的孩子因为某一个问题没弄明白，一步没跟上步步跟不上，渐渐失去了学习的信心和兴趣。所以家长要真正关心孩子，就要注意他是否跟上学习进度。有条件的家长每周都要和孩子一起总结一次，发现哪里出现了问题就要及时补上，必要的时候，还要请家教给以专题辅导。孩子在学习上的困难得以解决，学习兴趣必然能够得到提高。

而对于学习压力过大，已经明显表现出病态心理和行为的孩子，要积极求教于心理咨询和治疗机构，在专业人员的指导下对孩子予以科学的辅导，逐步帮助孩子及时得到积极矫治。

引导孩子去思考人生规划

苗苗获得了小提琴演奏奖以后，更加确定了自己以后要走艺术这条路了。她每天都会花一点时间去练习小提琴，周末也不愿意和闺蜜们一起逛街了，她觉得自己的时间好像都不够用了，看着自己的女儿一下子懂事这么多，苗苗的爸爸妈妈打心眼里高兴。

苗苗经常会碰到一些以前的同学，他们会问："苗苗，你以后真的要当小提琴演奏家？"

"这是我的梦想，不过不知道能不能实现啊，但是我会努力的，我现在每天都过得很充实，人有了自己的理想和目标之后，才会有奋斗的动力啊！"

"是啊，我要向你学习啊，不然每天似乎都是浑浑噩噩的，只知道做题、背书，连自己以后想做什么都不知道！"

"可是，我自己也不知道自己的人生规划是什么，我以后到底该做什么呢？"

可能不少孩子都会发出这样的疑问：我的未来到底会怎么样？这个问题，对于成人来说可能很简单，但对于孩子来说，他们会迷茫，我们来看看下面这段对话：

"妈妈，我长大以后，你想让我干啥？"

妈妈只能告诉他："干什么都行，只要你不干坏事，做的是对他人对国家有利的事，又是你喜欢的事情就行了。"

有时，孩子可能会问："妈妈，干什么工作最赚钱？我长大想当医生，当医生挣钱多吗？"随着孩子不同时期兴趣的不同，孩子的问题也会不同。

这是真正的人生规划吗？不是，所谓人生规划，就是一个人根据社会发展的需要和个人发展的志向，对自己的未来做出一种预先的策划和设计。随着孩子逐渐长大，他们的独立意识和自主意识会逐渐加强，开始对未来有一定的考虑，会产生各种各样的理想等，如："20年后的我成了赫赫有名的总经理""20年后的我当上了董事长，有多风光呀""我想成为一名科学家"……但事实上，我们知道，孩子的这些理想都是缺少一定的理论和现实基础的。对此，如果没有父母正确的引导，孩子的自我意识仅仅发展迅速是没有用的，让孩子的自我意识健康地、沿着正确的方向发展，才是每位家长的心愿。那么，作为父母，如何对孩子的人生规划给予引导呢？

1. 先肯定孩子的想法，然后加以引导

一位教育界人士说："对孩子的任何想法，其实都不应简单给予否定和斥责。因为孩子的想法不会凭空产生，是社会环境、家庭熏陶在他们幼小心灵中的投影。"不管孩子对自己的未来有怎样的想法，这些想法没有对错之分，也不能说哪个理想好、哪个理想不好，只能说，社会的变化使人们的角色更加多元化了。

　　因此，孩子在谈自己未来的打算或理想时，为人父母者，不要因为孩子说法的"幼稚"或不符合自己的"口味"而轻易去否认。不管什么理想，父母都应该给予充分的肯定，并告诉他实现这一理想必须具备的知识。比如，一个男孩儿说他长大后想当一个司机，许多母亲就会呵斥孩子说："没出息，当什么司机？"或者一个女孩儿说，长大了要当护士，有的父亲就怒目而视："你怎么净想干伺候人的活儿？"其实，孩子的想法是单纯的，并且随着时间的推移和成熟度的提高会不断改变。这时候，父母正确的做法是告诉他，做司机需要具备许多机械原理知识，需要地理知识，好司机需要会讲外语等；而做好护士相当不容易……孩子是在鼓励声中长大的，如果他的理想总是无端地遭到家长的反对，久而久之，孩子将度过平庸的一生，从此再不肯奢望未来。

　　当然，不少孩子对理想、对人生价值的认识是肤浅的、模糊的，父母对孩子进行必要的引导十分必要。

　　首先，家长应告诉孩子，任何理想的实现是需要付出努力的，不想努力，不愿奋斗，理想永远只是空想，毫无意义。

　　其次，家长要告诉孩子，为实现理想的努力应脚踏实地，从现在做起，从小事做起。不肯做小事的人，难以成就大事业。

最后，要告诉孩子，理想的实现不会一帆风顺，会遇到各种各样意想不到的困难和挫折，既然树立了理想，就要做好迎接各种困难的准备，同时，要有坚忍不拔的意志，只有以顽强的毅力去冲破艰难和险阻，才会到达理想的彼岸。让孩子记住：坚持到最后一分钟最重要。

2. 让孩子体验成功，激发孩子学习的动力

任何人都希望获得成功，在成功中，人们更能明确自己的目标，因此，当孩子取得了哪怕再小的进步的时候，作为家长，也要予以鼓励，在得到好的评价后，他们会继续朝着目标努力；相反，如果父母总是打击他们的积极性，恐怕任何孩子都会在以后的困难面前退缩。

3. 指导孩子了解社会，让孩子的目标与理想具备可行性

孩子毕竟还小，可能在规划自己人生的时候，会显得不切实际，这是因为他们不了解社会。家长一定要帮助孩子了解时代的特点，让他们感到未来社会，只有具备一定的知识才能实现自己的价值，同时，也才能为社会贡献力量。这样，才会使孩子感到学习是一种需要，需要产生动机，动机促使行动，才能使他们以顽强的毅力，高度的自觉性和责任感努力学习。

引导孩子树立一个正确的、远大的理想，引导孩子思考人生规划是非常重要的。在孩子们幼小的心灵中，是不乏人生规划的。他们总是美好地憧憬着自己的未来。但正因为他们是

孩子，才需要父母的引导，帮助他们规划出一个完美的人生蓝图，从而找到前进的方向，获得成功！

与孩子谈话，不要只关心学习

作为父母，在日常的家庭教育中，自然要谈到孩子的学习成绩，父母引导与帮助孩子提高学习成绩，本是无可厚非的，但不可过于看重分数，还要重视孩子的全面素质教育，这样才利于孩子的全面成长。父母应通过对孩子的教育，发掘孩子所蕴藏的潜能。从未来社会对人才的要求来看，真正能在社会上获得很好发展机会的人才，都是具备很好的创新能力的人，因此，父母在孩子的教育中，不要为了追求短期效应，让孩子有太大的压力，否则，总有一天孩子会被压垮的，不要让分数成为孩子的枷锁，让孩子快乐地学习和成长，才是父母应该做的！

"女儿小学一年级第一学期期中考试，考了个双百，全家人很开心，女儿更是兴奋不已，第一学期期末考试又是双百，自然又是一番庆祝。但是，我感觉这样下去，不一定是好事，当时也没有太在意这些，一年级下学期，平时测验试卷拿回家的时候，只要是满分，女儿总是神采飞扬地和我们谈论，如果不是满分，女儿就像犯了很大错误似的，头低低地，甚至不敢和我们交流，我逐渐意识到出现问题了。我告诉女儿，不要在意这些分数，无论是平时的测验，还是期中期末的考试，只是对你这一段时间的学习进行检查，看看哪些知识真正掌握了，哪些知识还没有吃透，然后再将没有吃透的部分进行复习，争取掌握就行了。考满分固然欢喜，考不好，我们也不会批评你的，不要有太多的想法和压力，快乐学习最重要。经过一系列的开导，女儿终于学会轻松地学习，轻松地考试了。"

这位家长的做法是正确的，孩子只有轻松地学习，他的潜能才能得到发挥。因此，我们在日常与孩子的交流和谈话中，要注意几点：

1. 别只谈孩子的学习成绩和名次

当我们把沉重的分数、名次强加在孩子身上时，我们实际上剥夺了他对丰富多彩的生命的体验，剥夺了他的人生选择权，剥夺了他的快乐和健康，我们这是在爱他还是在害他？

好学成性的孩子、终身学习的孩子会越学越有劲头；为考试、为名次学习的孩子，学到一定程度就会厌倦学习、痛恨学习。这是教育成功与否的分水岭。只要孩子肯钻研、爱学习，不管成绩怎样，都是值得赞赏的。相反，孩子一心就想得高分、获得好名次，那才是值得警惕的。

2. 少提分数，多说孩子的学习效果

作为父母，在与孩子沟通、督促孩子学习的时候，不要只提孩子的考试分数，更应该说说孩子实际的学习效果。不能仅以分数作为评价孩子学业水平的唯一标准，要以一种平和的心态对待孩子的考试分数，孩子考好了，不妨进行精神鼓励；如果孩子考试成绩不理想，要帮助孩子认真分析，找出失误的原因，并鼓励孩子继续努力，这样孩子才会情绪稳定，自信心增强，身心各方面才会健康发展。

3. 引导孩子全面发展

一个只专注于某一方面特长或者某一爱好的孩子，一般在此方面投入的精力更多，期望也就越大，但"人外有人，山外有山"，即使他们这次成功了，并不一定代表他们永远成功。如果我们能培养孩子多方面的能力、兴趣、爱好等，那么，孩子在拓展视野的同时，也会学到各种抗挫折的能力、知识、经验等，具有较完善的人格，这对于提高孩子的自理能力、交往能力、学习能力和应变能力都有很大的帮助，也有助于他们独自战胜困难。

4. 别武断地认为孩子成绩不好就是学习不努力

孩子在学习能力和方法以及智力上都是有差异的，其实，很多孩子明白学习的重要性和竞争的压力。但每个孩子由于智力因素和非智力因素，学习成绩总会有差异。父母要做的是认真了解情况，听听孩子的解释，不能武断地得出孩子成绩不好是因为不努力、不用功的结论。要以尊重、平等的态度和孩子一起分析、解决学习中遇到的问题，帮助孩子掌握适合的、有效的学习方法，制订适当的目标。

5. 孩子考试失利或者成绩下滑时给予宽容和鼓励

父母永远是孩子受伤时停靠的心灵港湾，孩子考试失利时，他已经非常难过了。这时候，父母千万不要刺激孩子，而是用自己的宽容和安慰孩子，同时也不要忘记对孩子说"下次努力"。

总之，作为家长，我们要让孩子明白，积极参与竞争是对的，但是不应该把"第一"当成竞争的唯一目的，而应该在参与过程中培养自己良好的品质，如遇事冷静、沉着、性格开朗等。这些个性品质比"第一"重要得多。

努力发现孩子的兴趣爱好

自从苗苗在市里的小提琴大赛上获得了二等奖以后，苗苗妈妈就成了小区里有名的"教育专家"，她一下子成了"名人"，无论是上班还是下班，都会被一些家长"拦"住，询问教育心经，而苗苗妈妈也沉浸在这种骄傲之中，和这些家长一起探讨教育孩子的方法。这不，周末的早上，她想到小区花园坐坐，就引来了一群家长。

"你们家苗苗是怎么教育的啊？说句不好听的，我看这闺女平时也不怎么努力学习啊，我儿子说，苗苗还迟到过几次呢。"有位家长说。

"是啊，我儿子正好相反，每天大部分时间都在学习，可是也看不到什么成效，我也不知道他以后能做什么，真是担忧啊！"

"其实，每个孩子都是天才，最重要的是我们家长要善于发现孩子的兴趣和爱好，然后加以引导，兴趣是最好的老师，有了兴趣，孩子才能学得好啊！"

"对，这话不错，可是说起来简单，具体该怎么做呢？"有位家长发出了疑问。

"其实吧，这个我也不是很清楚，每个孩子不一样啊，不过，我们大家可以一起探讨一下啊……"

"我觉得……"

"我觉得……"

就这样，大家七嘴八舌地说了起来。

的确，生活中，有不少家长发牢骚："怎么孩子上学了，还是不懂事？""以前喜欢玩玩具，现在喜欢玩一些带'科技'成分的，怎么总是不爱学习呢？这是令人担忧啊！"其实，家长忽视了一个最重要的原因：孩子对学习没有提起兴趣，没有兴趣就没有动力，怎么会学得好呢？

每一个孩子都有自己特殊的兴趣，父母是与孩子接触最多的人，没有谁比父母更能发掘他们的兴趣所在，只要父母做个有心人，你也能培养出好孩子甚至天才！

那么，作为父母，该怎样发掘孩子的兴趣爱好并加以引导呢？

1. 允许孩子在多领域尝试，并允许孩子犯错

当孩子在选择自己的爱好和兴趣时，父母应该给予其最充分的自主权，尊重并鼓励和支持孩子的选择，兴趣是最好的老师，任何孩子都具备一些潜能，而潜能开发建立的基础就是孩子的兴趣，而不是什么所谓的"热门"和"有用"。

家长要给孩子多领域的尝试机会，使其扩大接触范围，拓宽视野，这等于给了孩子更广的空间去发现自己的兴趣点。

当然，孩子在各方面都缺乏稳定性，容易对事物"三分钟"热度，这是家长们经常谈的问题。父母对孩子应该理解，不要认为孩子是"开玩笑"，而非"兴趣"，也不能不问青红皂白就直接判断孩子不喜欢这个活动。遇到这样的情况时，你应该先和孩子沟通一下，了解孩子内心的真实想法，问清楚孩子"不喜欢学下去"的原因，是没有兴趣了，还是难度大？只有明确原因，你才能对症下药去解决问题。

同时，你要明白，孩子在追求自己兴趣的过程中，也是会

犯错的，孩子有兴趣，并不代表孩子是天才，我们的孩子，往往总是按照"犯一个错误—认识一个错误—改正一个错误"成长起来的。所以，我们必须允许孩子犯错误和改正错误。

2. 善于观察，发现其兴趣和天赋，善加引导

无论是学习还是个性发展上，孩子都有其自主性，但人都是有差异的，孩子也不例外。不同的孩子，自然会有不同的兴趣，作为家长，不要有跟风心理，不要认为"谁家孩子学什么有什么成就"，就让你的孩子学什么，也不要轻易否定你孩子的兴趣，而应该善于观察，发现他们的兴趣和天赋，因势利导，因材施教，使孩子的兴趣沿着积极、健康的方向发展。

但家长要注意：首先家长要有充足的时间和孩子在一起，才能谈得上去观察。你可以利用休息时间，与孩子一起去购物、运动、阅读，参观博物馆，甚至是一起做家务，一边与孩子交流感情，促进亲子关系的良好发展，一边还能了解到孩子感兴趣的事物，加强引导。

另外，孩子有时候会在别人面前表现出你不曾见过的一面，所以要了解孩子的兴趣爱好，你还可以参考从孩子的老师、爷爷奶奶、外公外婆那里获得的信息。

3. 帮助孩子扩展视野，从而明确孩子的兴趣和爱好

孩子如果没有机会接触世界上各种奇妙的事物，他们很难对外界产生兴趣，父母也就很难找出孩子的兴趣。因此，父母

应该创造机会扩展孩子的视野。

当孩子还小的时候，孩子的兴趣和爱好可能仅限于那些玩具、娃娃，其中有个很重要的原因是孩子的视野小，孩子长大后，如果眼界太小，是很不容易明确自己的爱好和兴趣的。对此，父母可以经常带孩子出去走走，也可以带孩子逛书店、买书，并在家里读书看报，为孩子讲述书中有意思的故事、娱乐性的内容或科普知识等；也可以带孩子去听一些音乐会、看一些绘画展等，让孩子感受艺术的气息，培养孩子的艺术修养。

4. 要善于表扬和鼓励孩子

家长是孩子心目中的第一个权威评价者，他们渴望得到家长的肯定。如果家长总是"打击"孩子，有可能摧毁其求知欲。因此，当孩子做得好时，家长要适时表扬；反之，当孩子做得不好或者失败时，要先发现孩子有创造性的一面，然后再鼓励他们。无论孩子表现得多么笨拙，无论他把事情做得多么糟糕，家长都不要求全责备，而应该细心引导，从心理上给予孩子关心和鼓励，保护和激发孩子的兴趣。

家庭美育是一门学问，如何培养孩子的兴趣、爱好，发展其个性特长是家庭美育的核心和重点内容。当然，培养孩子兴趣、爱好和特长的方式、方法很多，不能一概而论，每位家长应根据孩子的不同表现，因人而异，因材施教，这样才能获得成功！

第7章
学习真是没意思啊——重视培养孩子的学习兴趣

为人父母,我们都希望孩子既能轻松愉快地学习,又能取得好成绩。为此,学习兴趣是推动孩子学习的一种最实际的动力,它能够促使孩子自觉地学习。一般来说,孩子的学习兴趣与他们的学习成绩、学习信心是相辅相成的。他对某门功课有兴趣,学习成绩就会好,学习信心就会足。因此,父母对孩子学习兴趣的培养很重要,接下来我们就着力看看父母如何帮助孩子建立学习兴趣。

激发孩子的学习兴趣

最近,某班上的学霸——被同学们称为"刘博士"的刘涛退学了,提到这件事,老师们都感到很遗憾。

父母在刘涛很小的时候就出国了,把他丢给了爷爷奶奶,爷爷奶奶对他关怀备至,让他衣食无忧,还生怕他在小伙伴中吃亏,所以剥夺了他与同龄人接触的机会。同学们都说他太自私,不愿与他来往。他自己也将自己封闭在小圈子里,一心向学。上中学后,他的心变得不安起来,看到班上的同学三五成

第 7 章
学习真是没意思啊——重视培养孩子的学习兴趣

群在一起聊天、说笑以及讨论问题，他感到更加孤独，他逐渐觉得自己读书不快乐，于是试着走近他们，但他们却不太理他，他感觉自己怎么也融入不进去。渐渐地，他为上学发愁，看书更添烦恼，上课没法认真听讲，沉默寡言，心事重重，几乎不再拿书本，学习成绩由全年级第一变成倒数。前不久，他爸妈从国外回来了，给他办了退学，估计是去另外的学校了。

刘涛之所以学习成绩下降，是由于失去了学习的动力，找不到学习的乐趣和动机。青春期是孩子长身体、长知识、长智慧的时期，也是其道德品质与世界观逐步形成的时期。他们面临着生理与心理上的急剧变化，加之每天周而复始的学习生活，很容易产生心理上的"变异"。一般表现在三个方面：

第一，不认真上课，注意力不集，思维涣散，或者打瞌睡，做小动作，严重的还会干扰其他同学听课。

第二，课下不愿意自主学习或者根本就不学习，对于老师布置的作业或者练习，也是草草了事或者根本就不予理睬。对考试、测验无所谓，只勾几道选择题应付了事，既不管耕耘，更不管收获。

第三，逃学，这是厌学的最突出表现，也是最严重的表现。这些学生总是找理由旷课，然后外出闲逛，打游戏等。严重者，甚至跌到少年犯罪的泥坑。

毕竟，每个人做任何事都是有目的的，如果孩子没有学习目的，也就没有学习的动力。一般来说，孩子除了学习外，都有自己的兴趣和爱好，作为家长，如果能正视孩子的这些兴趣并加以鼓励，并利用这些兴趣引导孩子明确学习的目的，那么，孩子就可能热衷于学习了。

对此，教育心理学家建议父母这样做：

1. 挖掘孩子的兴趣

可能很多家长认为，孩子好像除了厌恶学习以外，他对什么都感兴趣，其实，这是一个普遍现象，曾经有一个调查：一方面50个孩子中只有4个对学习不曾产生厌烦情绪，另一方面孩子的兴趣丰富多彩。还有一个调查：如果可以不按学校的课表上课，请孩子们自己给自己开一个课程表，结果是：

（1）第一节课是欧美音乐，第二节是电影，第三节是异国风情，第四节是英语。

（2）希望全天的物理、化学。

（3）希望第一节课是自学，第二节课是体育，第三节课是英语，第四节课是班会……

从这一调查中，可以发现，孩子们对于那些文化知识，似乎都存在一定程度的厌烦情绪，为此，父母要在日常生活中多观察，发现孩子感兴趣的事物，从而引导其确定学习目的。在培养孩子的兴趣中，要给孩子一个机会，让他自己去品味，真正找到一种成就感，他可能就有兴致了。

2. 把孩子的兴趣和学习联系起来，让孩子产生明确的学习目的

比如，家长可以这样问："你为什么对电脑游戏这么感兴趣呢？"

"因为我想当个游戏的开发人员啊。"

"真没想到你有这么大的抱负，但游戏开发不是一个简单的行业，一般人是进不了这个行业的。"

"那爸爸，您觉得怎样才能进入这个行业呢？"

"只有进入高等学府去深造，掌握大量的科学知识，在前人技术的基础上有所创新。"

当孩子听完这些后，就会有一种想法：我必须考上大学，在这个领域继续深造，才能进入这一行业。这样，孩子就会真正明白：他应该去好好学习了。

而在这一过程中，整个交谈氛围是很和谐的，也使得亲子之间的感情在一点点升温，孩子对父母既感激又崇拜。

3. 培养孩子坚持不懈、独立进取的个性

孩子的学习目的与独立进取的个性是密不可分的，个性是独立进取还是被动退缩与动机水平关系密切。如果你的孩子生性懦弱且不思进取，缺乏上进心，只能使学习处于被动状态，甚至出现恶性循环。那么，也就很难树立一个水平相当的学习

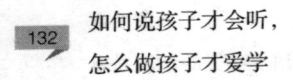

目的，如果孩子懂得学习的重要性，懂得积极进取，家长在帮助其产生学习目的的同时，也会省心很多。

同时，当父母肯定了孩子的兴趣，引导孩子产生了明确的学习目的后，要经常给孩子敲个警钟："你要想成为游戏开发人员的话，就不能这么浪费时间不学习哦！"在父母的督促下，孩子会逐渐养成坚持不懈的个性，在学习时，也会更有动力。

让孩子爱上阅读

培根说："书籍是在时代的波涛中航行的思想之船，它小心翼翼地把珍贵的货物运送给一代又一代。"歌德说："读一本好书，就是和许多高尚的人谈话。"书籍是人类进步的阶梯，是智慧的源泉，而对于一个孩子来说，读书是培养气质的根本方法，因为气质是由内而外散发出的，读书能给我们带来内在的积淀和更加深邃的内涵美；相反，一个不读书的人，即使他的外表再美，也只是流于世俗，不能上升为真正的气质，因此，我们在培养孩子学习能力的时候，一定要着力培养他们的阅读习惯。

但实际上出于很多原因，孩子在很小的时候对书籍的好奇以及兴趣经常被以父母为中心的家庭教育扼杀了，有些家长认

第7章
学习真是没意思啊——重视培养孩子的学习兴趣

为"孩子应该把精力放在学习上，阅读太多影响学习"，以致忽略了培养孩子的阅读习惯同样重要，读书使人明智，孩子的气质与好的性格很大一部分是从书中获得的。当孩子与人交谈时，能娓娓道来、引经据典，他便能获得别人的赞赏，毕竟，一个博学多才的人往往在气质上更胜一筹。

"我知道读书对于孩子的重要性，因此努力培养女儿爱上阅读是我一直在追求的目标。小家伙从四岁半开始，我就坚持每周末带她去书城读书，那时候她还不认识字，每次都是我不厌其烦地给她朗读，之所以选择去书城，是想让她感受读书的气氛。晚上睡觉前总要给她讲20分钟左右的故事，女儿很喜欢听，经常被逗得哈哈大笑。学前班女儿学了3000字《四字童铭》，这真是件大好事，从这以后她就能独立阅读图书了。每晚的讲故事一直没断。现在，女儿在同龄孩子中显得更睿智一些。"

案例中这位妈妈的做法是明智的，我们的孩子在智商上并没有多大的差别，但有些孩子能脱颖而出，受人赞赏，就是气质上的与众不同，从小通过读书培养孩子的气质，能让孩子成长得更加自信、健康。

那么，怎样才能使孩子爱上阅读呢？又怎样指导孩子阅读呢？

1. 去伪存精，为孩子挑选健康、积极、有益于身心发展的书籍

我们不得不承认，现在市场上充斥着各种书籍，并不是什么书都适合孩子阅读，真正有品位、适合鉴赏的寥寥无几。

约翰逊医生说："一个人的后半生取决于他读到的第一本书的记忆。"因此，父母一定要很小心地把第一本书放到孩子的手里。如果一本书不值得去阅读，就不要过于强调孩子阅读的数量，甚至可以不让孩子去阅读，否则只会导致孩子装了一肚子的书，却解决不了生活中的一个小问题。所以，父母们引导孩子让他们熟悉并喜欢最优秀的文学作品，不要浪费时间阅读垃圾文字。

2. 注意培养孩子的阅读方法

当孩子年纪还小、无法识别很多文字的时候，要教孩子带着感情阅读，这样有利于培养孩子的表达能力和想象力。父母可以选择大号字体印刷的书籍，或者指着文字大声朗读，来帮助孩子阅读。妈妈在读书的时候孩子会跟她进入书中的情节，很快孩子就会认识很多生字，并独自阅读。

3. 和孩子进行亲子阅读时，不要忽视身体语言的作用

模仿是孩子学习的主要方式之一，父母可以将书中的内容用丰富的肢体语言表演给孩子看，孩子在模仿的过程中就会更好地理解书中的内容，并能激发他的想象力。睡前阅读是最佳

阅读时机，幼儿的浅睡眠时期最容易进行无意识的记忆，因此睡前阅读一定要把握。

4.为了增强和激发孩子阅读的兴趣，建议家长们将书本上的知识与生活认知结合起来

在和孩子一起读过海洋动物书后，就可以带他去海洋馆看看海豚、海豹到底是什么样子；看过植物书后，则可以和孩子一起去野外认识各种可爱的植物。这样就可以使阅读变得很有趣，孩子的读书兴趣就会逐渐建立起来。

其实，让孩子爱上阅读并不是什么难事，关键是家长要知道想让孩子读哪类书，还要进行有目的的引导，只有这样孩子才能够爱上读书。书中自是知识的海洋，当你的孩子爱上阅读以后，他对于自我气质的培养自然有一个全面的认知和理解，气质也就能由内而外散发出来！

为孩子营造一个轻松的家庭环境

临近中考了，程伟的家里却发生了一件不幸的事，在老家的爷爷突然犯了心脏病，被送到医院抢救，情况很危急。不久，爷爷就去世了。虽然程伟一再追问爷爷的病情，但每次爸爸都佯装一脸的轻松地告诉他："病情很稳定，有那么多人照

顾着呢。"但到了夜里，爸爸都会默默流泪，一人承受着亲人离别的痛苦。他害怕这个关键时刻，孩子因此功亏一篑。直到程伟考试后估分回来，爸爸才告诉他爷爷因病去世的真相。

另外，那段时间，程伟的爸爸还"饱受"了孩子突变的古怪脾气。在临近高考的一个多月里，原本性格开朗的程伟变得沉默许多，总是为了一点点小事而大动肝火，有时甚至几天不理爸爸。刚开始，他也挺为孩子的表现生气，"哪有孩子这样对家长的？"但私下想想，孩子的如此举动并不是针对谁，只是太紧张了，但又无处释放，于是才变得如此烦躁。想到这儿，程伟的爸爸气消了，他没有和儿子太过计较，该干什么还是干什么，给儿子做饭、洗衣、递书报，简直是又当爹又当妈，儿子脸色不好就不多说话。没两天，儿子的心情好些了，对爸爸也流露出了歉意。

最终程伟取得了优异的成绩，他对爸爸说："谢谢您，老爸！"

程伟的爸爸是个有心的家长。在孩子高考前，他遭遇了亲人离去的不幸，但他还是忍住了，没有将这一消息告诉孩子；面对脾气暴躁的孩子，他也善于忍耐，从而让孩子顺利度过了中考前的"危险期"。

其实，除了考试期间，在平时孩子的学习过程中，我们也要尽量为孩子营造缓解精神压力的家庭环境，让孩子有个安静的学习氛围，孩子才能学好。为此，教育心理学家给家长提出建议：

1. 与孩子达成协议，互不干扰

对此，家长要做到：尽量不要经常问孩子学习的问题。其实，很多时候，学习的事让孩子自己去处理，作为父母，我们不要把重心都放在孩子学习上，该干什么干什么，该看电视时照常看电视，该玩时照常玩，让孩子觉得父母并不是太看重自己的学习，他们才能放松心情学习。

2. 无论遇到什么事，家长都要情绪稳定，尽量为孩子营造一个温馨的家庭环境

居家过日子，家庭矛盾在所难免；人际交往中也可能出现矛盾，但不要把不良的情绪带回家。尤其在孩子学习时，作为家长要为孩子营造一个安静温馨的环境，给孩子一个宽松和谐的氛围。家长有空闲时还可以陪孩子一起玩耍、散步，在家里多谈些轻松愉快的话题，如孩子感兴趣的影视剧、体育比赛等。

3. 不要给孩子施加压力，告诉孩子只要尽力就行

作为家长，我们不要硬性地给孩子制订一个分数目标并让孩子去完成，应让孩子在一种良好的心态下学习。

一个学生说："每次考试前，爸爸说'不要太在意考试结果，只要你尽力了就行'时，我心里像是吃了一颗'定心丸'

一样踏实，学习效率也明显提高。"可见家长对孩子的期望值不要太高。

4. 适当监督，不可唠叨

家长的唠叨是每一个孩子最惧怕的。作为家长，我们都希望孩子好，但我们说出来的话，孩子们都懂，他们更需要安静和理解。

孩子学习时，家长要进行监督，但说话要少而精，要有分量，不要唠唠叨叨，否则就会引起孩子的反感。

总之，让孩子拥有健康的心态、拥有学习兴趣，家长也要注意自己的行为和心态，要保持一颗平常心，只有这样，才不会干扰孩子的心境，才能让孩子安心学习！

不要盲目报各种特色班

小俊是班上的"大忙人"，似乎他的时间总是不够用，他的爸爸没有征求他的意见就为他报了书法培训班、英语口语班，还有奥数三个培训班。周末的时候，小俊都没有自己的自由时间，周六上午去学书法，周日下午学英语，晚上练口语，还要做老师布置的课下作业，时间被排得满满的。

每当周末去培训班的路上，小俊看到同龄的孩子在自由玩

第 7 章
学习真是没意思啊——重视培养孩子的学习兴趣

要就特别羡慕。他多想和爸爸说他不喜欢那些培训班，但是看到爸爸陪他时的辛苦，又难以开口。他觉得很压抑，生活得很不开心，这些培训班已经影响到了他的正常学习。

其实，班上深受培训班之苦的远不止小俊一个人，只不过小俊的爸爸为他报的特色班实在太多了。

作为父母，我们都知道，孩子在学习上的竞争压力完全不输我们成人之间的角逐，为了孩子不掉队，为了对孩子的升学有帮助，很多父母就盲目地为孩子报各种培训班，也有一些父母抱着跟风的心理，一名家长说，担心孩子在普通班觉得"低人一等"，只得给孩子报了一个计算机特色班。

教育界有关人士在接受记者采访时表示，家长不要盲目地为学生报名课外辅导班。每个学生自身的情况不同，既有智力因素，也有非智力因素。家长要了解孩子成绩不佳的根本原因，如有些孩子是因为父母要求过高造成厌学心理，有些孩子受家庭环境影响导致无心学习，有些孩子生活、学习习惯懒散拖沓等。如果不从根本上找到症结，报名参加课外辅导班往往会事倍功半。

父母为了孩子好，希望孩子有一技之长，希望孩子将来能够更好地在社会上立足，出发点都是很好的，但他们忽视了孩子内心的需求。其实父母的一厢情愿很少能够达到成功的教育目的，反而会引起孩子的逆反心理，阻碍孩子的正常发展。

而对于一些年纪稍大的孩子，他们的自主意识增强，只有当特色培训班和他的爱好、兴趣相符合时，才会取得理想的效果。而且，孩子的精力是有限的，他们还肩负着沉重的学业，为孩子报过多的培训班，会让孩子不堪重负。

那么，父母在为孩子报特色班时，应遵循什么样的原则呢？

1. 尊重孩子的兴趣和爱好

给孩子报特色班，应该从孩子的兴趣爱好出发，否则会事与愿违，严重的还会导致孩子产生厌学情绪，对生活和学习造成消极影响。缺乏尊重的家庭环境中，孩子没有自己的意识，丧失独立自主的能力，将来走上社会，也难以适应社会的发展。

作为父母，应该尊重孩子的身心发展规律，在了解孩子兴趣的基础上，和孩子商量、征得孩子的同意之后再为孩子报特色班，这样孩子会感激你的理解，在学习的过程中才会更有积极性。

2. 要听取孩子的意见

孩子也是独立的个体，他们更希望从家长那里得到认同，家长在为孩子报特色班时，要认真耐心听取孩子的意见。

3. 家长不要有功利心理，要允许孩子发生兴趣转移

人的兴趣爱好不是一成不变的，大人亦如此，更何况孩子，孩子随着年龄的增长，接触面的拓宽以及自身社会经验的

第7章
学习真是没意思啊——重视培养孩子的学习兴趣

加深，他们的兴趣也可能发生变化，如小时候他喜欢钢琴，而现在却对计算机产生兴趣，而有些父母，出于功利心理，不能接受孩子的兴趣转移。但因为当初给孩子买了钢琴，父母就不允许孩子的兴趣再发生变化。这些父母可能强迫孩子天天练琴，直到孩子彻底丧失对弹琴的兴趣。这种做法并不可取。

其实孩子拥有丰富的兴趣对自身发展而言是种提高，父母要鼓励孩子全面发展自己的兴趣，允许孩子的兴趣发生转移。

4. 父母不要盲目跟风

现在社会充满竞争，很多父母看到其他孩子报特色班，害怕自己的孩子掉队，所以会盲目跟风，自行为孩子报特色班。孩子在特色班上心不在焉地听着自己并不感兴趣的课程，为此失去很多自由，但是父母却无视孩子的心情，对报特色班乐此不疲。

父母在为孩子报特色班时要多一些理性，综合考虑孩子的爱好和特色班的教学质量，不要盲目地跟从其他人的选择，在众多的特色班广告前擦亮眼睛，征求孩子的意见，只有适合孩子的才是最好的。以培养孩子的兴趣为主，才能让孩子在快乐的培训中发展自己的喜好。

因此，父母要慎重地为孩子选择特色班，不要盲目跟风，要在尊重孩子的基础上，根据孩子自身的特点和爱好帮孩子报特色班，才能使孩子获得长足发展，为他顺利走向社会做好铺垫。

教训少一些，指导多一些

有这样一对母子：

妈妈是某公司的老总，她能把公司管理得井井有条，但对自己的儿子，她却用"无能为力"来形容，因为不管她说什么，儿子总会与她对着干。在无奈的情况下，她找到了心理咨询师。咨询师试着与这个孩子沟通，但出乎她的意料，这个孩子很配合。

"为什么总是与妈妈作对？"

他直言不讳地说："因为妈妈总是像教训、指挥员工一样来对待我，我都感觉自己不是她儿子，所以我总是生活在妈妈的阴影里。"

这时，咨询师终于明白了，一定是这位妈妈用错了教育方式。于是，她把这对母子叫到一起，当着孩子的面把孩子刚才说的话讲给了她听。妈妈听后非常诧异，过了一会儿，她十分激动而又真诚地对儿子说："儿子，你和我的员工当然是不同的，妈妈希望你更出色！"

听完这句话，咨询师立即给予纠正："您应该说'儿子，你真棒，在妈妈心里你是最优秀的，我相信你会更出色。'"

这位母亲不明白为什么要纠正，咨询师说："别看这是大同小异的两段话，其实有着很大的不同，前者是居高临下的指

第7章
学习真是没意思啊——重视培养孩子的学习兴趣

挥,后者是朋友式的赞美和鼓励,我觉得您在教育孩子上,不妨换一种方式,多一些引导,和孩子做朋友,而不是教训孩子!"

这位母亲听完,若有所思地点点头。

其实,这位母亲的教育方式,在中国很典型,对于孩子,他们多以教训和指挥的口吻来教育。例如:

"你这个笨蛋,成绩怎么总是在中游徘徊呢?"

"不就是考了前五名吗,什么时候考个第一名让我看看!"

"这段时间你确实有进步,不过不要夸你两句就骄傲呀!"……

家长这些话会自觉或不自觉地流露出对孩子的俯视和责备,孩子长期生活在父母的教训中,会失去学习的动力和激情,而对于父母,他们也只能"唯恐躲之而不及"。尤其对于一些年纪稍长的孩子,在父母长期的打击下,他们要么"反击",要么"忍受",这对孩子的成长都是不利的。

事实上,做家长的也有自己的苦衷。谁不愿意自己的孩子生活在快乐中,谁愿意在这样残酷的竞争中去拼命?可怜天下父母心,没有谁希望训斥自己的孩子,为了孩子能在未来的社会竞争中站稳脚跟,他们常常有意识或无意识地教训孩子,但实际上,这种教育方法并没有多少成效。当然,子女教育没有标准答案,每个孩子都很特别,都需要我们去特别对待。对于孩子，我们要做的是引导，绝不是教训。

其实，我们的孩子都在成长，他们也渴望进入成人的世界，希望得到成人的尊重，如果父母是以一个极具权威的身份在教训他的话，就造成了他的敬而远之，不愿意向我们坦露心迹。因此，我们要在内心里把自己和孩子放在平等的地位，把他看成是我们家庭中很重要的一个成员来对待，遇到问题也要和孩子多商量，对孩子多加引导。要尊重孩子，尊重他的人格，尊重他的意见。不可动辄训斥有加，否则只会使孩子离你越来越远。

那么，具体来说，家长应该怎么做呢？

1. 给自己"洗脑"，摒弃传统的家长观念

家长长期以训斥的口吻教育孩子，都是家长制在心中作怪。因此，家长要想与孩子和谐相处，要想使自己与孩子的关系更加亲密，让孩子乐意与自己"合作"，首先要做的就是给自己"洗脑"，即打破那种传统的家长观念，不是去挑孩子的毛病，而是不断使自己的思维重心向这几个方面转移：孩子虽然小，但已经是个大人了，他需要尊重；我的孩子是最棒的，他具备很多优点；允许孩子犯错误，并帮助孩子去改正错误……

2. 放下家长的架子，以朋友的身份与孩子一起学习

有些家长为了维护自己在孩子心中的地位，而刻意与孩子保持距离，从而使孩子时刻都感觉到家庭气氛很紧张。亲子之间存在距离，沟通就很难进行，在没有沟通的家庭里，这种紧

张的气氛往往会衍化成亲子之间的危机。

因此，我们不能太看重自己作为长辈的角色。因为长辈意味着权威和经验，意味着要让别人听自己的。但事实上，在急速变化的多元文化中，这种经验是靠不住的。不把自己当长辈，而是跟孩子一起探索、学习、互通有无，这种做法让我们在孩子的教育和沟通上变得更加自由和开明了。

沟通，是解决一切教育问题的良药。沟通是亲子关系升温的基础，离开了沟通，所有的教育都将无从谈起。作为家长，一定要丢弃要求孩子"这么做，那么做"的固有观念，同时也要丢弃强迫孩子做这做那的观念。尤其是在孩子遇到困难或遭受挫折时，家长更应适时地给予激励和表扬，减少孩子遇到困难时的畏惧心理和失败后的灰心，增强他们成功的信念，而不是训斥和责备，然后和孩子一起讨论确定克服困难或弥补过失的途径和办法。你对孩子的理解和尊重，必然有利于问题的真正解决，有利于两代人的沟通！

让课外学习与自学辅助孩子增长知识

鑫鑫被称为"小百科全书"，当然，这个称号有点夸张，但足以表明鑫鑫的知识面之广，他特别喜欢看书，无论是课外的，还是课内的；无论是政治性的，还是历史性的；大家以为鑫鑫喜欢看课外书，会耽误学习，但事实上并非如此，鑫鑫的成绩一直是班上前五名。

"鑫鑫，你经常看课外书，你爸妈不管你吗？"

"我爸妈挺理解我的，他们说，课外学习是自学的一种方式，只要我愿意看课外书，我爸妈都支持我，有时候，我妈妈还会教我一些怎样记住课外知识的方法，真的挺管用，不然我也记不住那么多知识点。现在老师上课的时候，我感觉有些知识自己都学过，这就是学习课外知识和自学的好处吧！"

"还是你爸妈开明啊，在我们家，只要是课本和练习册以外的书，都被没收了，哎！"

"是啊，我们家也是，真希望我们的父母都能像你爸妈一样！"

虽然素质教育要求学生有更大的学习空间，但事实上，在升学压力面前，很多家长还是选择"填鸭式""灌输式"的教育方式来教育孩子，不管是课堂上，还是家庭教育中，孩子总是在老师或者父母的监督下学习，一直处于被动学习的状态。而我们已经进入了终身教育时代，学习已经成为一个人一辈子的事情。联合国教科文组织出版的《学会生存》一书中指出："未来的'文盲'不再是不识字的人，而是没有学会怎样学习的人。"随着时代的进步、知识更新换代之快,父母要想孩子不被时代抛弃,教育方式也要改变。

孩子终究是要步入社会的,而那时,他们不可能再接受老师和家长的知识灌输,这就要看孩子的自学能力了。所以说,未来的竞争是自学能力的竞争。教育反映时代精神,在这个知识更新飞快的时代,只是一味地给孩子灌输知识已经不现实了。那么,应该怎么教孩子?教什么?这些问题值得每一个父母深思。

俗话说:"授人以鱼不如授人以渔。"孩子的学习也是一样,教给孩子知识,不如教给孩子学习知识的能力——自学能力。学习本来就是孩子自己的事情,可以说,只有学会自我学习,才能够学得好、学得多。自学能力越早培养越好,这样孩子才能在未来的竞争中立于不败之地。

另外,从短期来看,课外学习能力和自学能力的培养,也有助于孩子学习效率的提高,因为真正高效的学习是主动的学习,而不是被动的。孩子本身除了要去记忆外,还要用脑子去思考,动手去实践,用心去体会,只有手脑并用的学习才是高效的。

那么,作为父母,该怎样培养孩子的自学能力和课外学习能力呢?

1. 激发孩子的求知欲和好奇心,让孩子产生自学的兴趣

好奇心是孩子自学的内在性动机。柏拉图曾说:"好奇是

知识之门。"陶行知先生也曾说过："发明千千万,起点在一问。"求知欲是驱动孩子主动学习的源泉,作为父母要因势利导地激发孩子的好奇心和求知欲,然后让孩子满腔热情、积极主动地去探索,去学习。家长要有一双善于发现孩子追求知识方向的眼睛,引导孩子通过主动的努力、奋斗,实现自己追求的目标。

孩子本身有非常强的好奇心,能否主动积极地学习,在很大程度上取决于父母的引导。父母在教育中要遵循启发诱导的原则,有助于孩子积极参与问题情境,这是培养自学能力很重要的一方面。例如,在孩子自学的过程中,要鼓励孩子自行找出问题,然后把孩子预习情况以问题的形式反馈回来,对孩子反映普遍的问题进行收集、归纳、整理和重点讲解。有些问题孩子通过自学完全可以掌握,就以提问的形式,让他自己回答,要对回答予以肯定。这样就调动了孩子自行探究问题的积极性,提高了孩子自主学习的自觉性和自学能力。

2. 引导孩子体验自学和课外学习的快乐

只有将快乐寓于学习之中,孩子才会有积极性。作为大人,如果不能快乐地做一件事,那么这件事绝对是不能百分百地做好,何况是孩子。要怎样让孩子快乐地学习呢?在孩子自学过程中,家长们要善于引导和将一些趣味性的知识融入其中,让孩子觉得自学也是一件快乐的事,并经常进行一些亲子活动,在活动中学习,这种方法简单有效,也会事半功倍。

3. 要培养孩子自学的习惯

"播种一行为，收获一种习惯；播种一个习惯，收获一种品格；播种一个品格，收获一种命运。"孩子自学习惯的培养不是一朝一夕的事，必须从中小学就要严格要求，严格训练。而孩子的自学能力更需要家长的培养和指导。家长要定时检查，要规定时间，切莫惩罚，要摒弃"棍棒下面出才子"的陈旧观念。在督促检查中加以正确引导，才能不断提高孩子的自学能力，培养出良好的自学习惯。

4. 让孩子把自学和课外学习当成课堂学习的辅助线

在学校学习的学生当然是以课堂学习为主线，那么课外的自学如何进行呢？很简单，课外的自学可以成为课堂学习的辅助线。也就是说，父母在培养孩子课外自学能力的同时，要尽量将这些课外知识和课堂知识结合起来，这样，孩子不仅能开阔视野，还能学好课堂知识。

5. 教会孩子合理安排时间

很多父母担心的就是孩子课外学习会占据太多时间而影响正常的学习，其实，只要教会孩子合理利用好时间，二者并不冲突。

当孩子形成了课外自学的能力，就会提高孩子的学习效率。打开成功之门的钥匙就在孩子自己手中，只要父母重新审视教育观念，让孩子主动学、自己学，那么每个孩子都可以成才。

第8章

欲善其事，先利其器——帮助孩子找到最佳学习方法

望子成龙、望女成凤是很多父母的期望。学习成绩的好坏从一定角度来说是衡量孩子学习好坏的重要指标。毋庸置疑，孩子学生期的主要活动是学习，因此，这段时间的孩子最需要父母给予学习上的辅导。因此，你不仅要做好父母，还要做好孩子的家庭教师。因为家庭教育是一切教育的起点，任何孩子都可以成为天才，就看父母如何教育。对于孩子的学习问题，父母一定要引起重视，更要帮助孩子找到最佳的学习方法，从而让其提高学习效率，提升学习成绩！

帮助孩子制订合理的学习计划

可能很多家长会发现，你的孩子很懂事，即使你不叮嘱，因为他知道学习的重要性，所以自从他跨入校门的那一刻，他就决定要做个优秀的学生，努力学习，希望可以走在队伍前列。但事实上，他们似乎总是力不从心，似乎总是感觉时间不够用，学习效率也很低。这是为什么呢？

第8章
欲善其事，先利其器——帮助孩子找到最佳学习方法

其实，孩子是缺少一个合理的学习计划。合理的学习计划是提高孩子成绩的行动路线，是帮助孩子成功的有力助手。没有明确的学习计划，学习便失去了主动性，容易造成东抓一把西抓一把，以致生活松散，学习没有规律，抓不住学习的重点，因而总是被其他同学远远地甩在后面。因此，家长要切实指导孩子制订合理的学习计划。制订一份合理的学习计划，就等于为孩子找到了促进学习进步的金钥匙。帮助孩子制订严格的学习计划，养成守时、有序、高效的好习惯，是孩子一生受用不尽的财富。从人生成功的角度讲，统筹规划的意识和能力是一个成功者所必须具备的一种重要素质，而这种素质只能在从小就习惯制订具体的学习计划并严格执行中培养形成。

学校每个月的家长会又开始了，这次家长会的主题是"如何帮助孩子高效学习"，家长会的目的也就是众多家长一起交流心得，互换教育的意见，为孩子找出更好的学习方法。在这一点上，周涵涵的母亲，似乎很有经验。

"周涵涵是怎么学习的呀？"很多家长凑在一起讨论。

"听说，你们家涵涵并不是每天晚上做题到深夜，我每天让我们家王刚做好些习题，可是学习成绩就是不见提高啊，这是怎么回事呢？"

"是啊，我看我们家儿子也是，每天回来忙忙碌碌的，有时

候，饭都顾不上吃，努力学习，可学习成绩还是处在中等水平。"

"孩子进了初中，就不能再按他小学时候的学习方法学习，得重新帮他制订一个合理的学习计划了，孩子才能高效地学习呀，不然学没学好，玩没玩好，孩子是两头受累啊！"周涵涵妈妈的一句话惊醒了在座的很多家长。

当然，孩子的学习计划应该由他自己来制订，家长所要做的应该是一个从旁协助的工作：帮助孩子把学习计划完善、监督孩子的执行、结合实际提出修改意见等，而不是越俎代庖，按照自己的希望亲自制订。

那么，父母应该怎样帮助孩子制订学习计划呢？最好遵循以下几点：

1. 合理安排时间，制订作息时间表

比如，你可以让孩子制订一张作息时间表，让他在表上填上那些非花不可的时间，如吃饭、睡觉、上课、娱乐等。安排这些时间之后，选定合适的、固定的时间用于学习，必须留出足够的时间来完成正常的阅读和课后作业。完成这些后，你要看看他在时间上的安排是否合理，如每次安排的学习时间不要太长，40分钟为最佳。学习不应该占据作息时间表上全部的空闲时间，要给孩子的休息、业余爱好、娱乐留出一些时间，这一点对学习很重要。一张作息时间表也许不能解决孩子所有的问题，但是它能让你了解孩子如何支配这一周的时间。

2.学习任务明确，目标切合实际

孩子制订完学习计划后，家长应当加以审核，要确保孩子学习任务明确，目标符合实际。因为很多孩子制订学习计划时，总是"雄心勃勃"，一天的时间恨不得要完成一周的任务。这样不切实际的目标往往导致计划不能正常执行。

还有一些孩子，制订的学习计划很模糊，如晚饭后背外语；睡觉前温习课文等，这种计划看似没有什么错误，似乎也足够具体，但实际效果并不好。因此，这种任务虽然可以给孩子一种学习的方向感，但并不具体，以至于孩子到了执行计划的时候，会不知从何开始，如果把目标再具体细化到：晚饭后背单词十个，睡觉前温习第几课课文，晚上八点半整理出三角形公式，这样效果会更好。而且如此具体的任务分配也有利于孩子自检任务的完成状况。

3.学习计划应与教学进度同步

父母在帮助孩子制订学习计划的时候，一定要注意这点，只有这样，孩子才能把预习和复习纳入学习计划中。这就要求，父母要以学校每日的课程表为基准，参照学校老师的授课进度，再让孩子结合自己的学习状况制订计划。计划有多种：如日学习计划，可建议为某门落后的功课或某门感兴趣的功课多安排些时间；还可以制订单元或专题复习计划，有计划地学习。

4. 计划应该简单易行并富有一定的灵活性

整个计划要有一定的机动灵活性。正常情况下，计划都应该严格按时完成，但孩子的生活会受很多因素影响，难免会有特殊情况，所以要求计划不能过于僵死呆板，要有一定的灵活性，不至于因为一个环节未完成而打乱其他计划。同时，学习计划也只是一个学习的构想，千万别把计划订得过于详细、紧凑。如果刚开始孩子没有按质按量地完成学习计划，也不可责备甚至训斥孩子，否则会打消孩子的积极性。

家长在帮助孩子制订计划后，还要监督和协助孩子执行计划，通过科学的安排、使用时间来达到这些目标，要将充足的睡眠、合理的进餐与有序的学习相结合，否则，即使再完美的计划，也只是纸上谈兵！

孩子偏科，怎么纠正

作为父母，在学习中，你的孩子可能也有这样的烦恼：自己越不喜欢的学科越不想学，久而久之，导致该学科的学习成绩越来越差。俗话说，兴趣是最好的老师。在学习中，兴趣是一种强大的动力，一旦人们对某一学科产生兴趣，就会促使他们积极探索，克服困难，直至成功。但学生阶段的大部分学科

第8章
欲善其事，先利其器——帮助孩子找到最佳学习方法

都是枯燥的，再加上一些学生可能不喜欢某门学科的老师，或者学习底子差，进而逐渐开始不喜欢这门课，而对该学科没有兴趣反过来也让他们没有学习动力，学习成绩自然会下滑。

王先生的儿子亮亮今年上初三，学习成绩一直不错。

一次数学测验，下课铃响了，亮亮还在埋头答题，数学老师催了几次，他都跟没听见一样，仍在做题。老师发火了，走过去夺卷子，亮亮用手一按，卷子撕破了，数学老师怒气冲冲地拿着卷子走了。亮亮在当天的日记里写道："我恨死数学老师了，今后，我再也不想听她的课了，在路上遇到她，我也不和她打招呼！"

就这样，亮亮的数学成绩一路滑坡，王先生为此很伤脑筋。

导致孩子偏科的原因有很多种，案例中的亮亮就是因为和老师发生矛盾而影响了对该学科的兴趣而导致偏科。但作为父母，我们都明白，孩子在学习上应该做到学科均衡发展，不可偏科。

作为父母，我们都应该成为孩子的学习导师，帮助孩子克服偏科现象。以下是给父母的几个建议：

1. 帮助孩子正确认识不同学科的价值和意义

孩子不喜欢某一门学科，可能是因为他对这门学科的重要

性认识不足。而且有些课的内容本身枯燥，不一定是老师的责任。每门学科都是有用的，孩子都必须学习。学会去做好不喜欢做的事情，也是他们走上社会之后必修的一课，无法逃避。

比如，如果你的孩子不喜欢英语，那么，你要告诉他："英语是一门工具课，无论你将来从事何种职业，都是必需的。如果你等到需要用的时候再努力，就失去了最佳的发展时机。"

2. 告诉孩子可以先假装喜欢这些学科

人的态度对学习是很重要的，有时态度决定一切。心理学研究表明，当一个人对某一事物不感兴趣时，可以假装喜欢，告诉自己，其实我挺愿意去做这件事的。这样一段时间以后，你就会在不知不觉中改变自己的态度，变得真的对这件事情感兴趣了。

3. 孩子不喜欢某些学科，可能与学习成绩有关

其实很多东西，在一个人不会，没有获得成就感的时候，往往是"没意思"的；如果他迫使自己去学习并获得进步，这时可能就会发现兴趣。

如果孩子在某些学科上，学习成绩不太理想，你要告诉他，不要过分焦虑，不妨降低一点目标，采取逐步提高的办法。同时，也可以借鉴一下其他同学的学习经验。要相信，一分耕耘，一分收获。当你的成绩有所进步时，你的信心会因此得到增强，学习兴趣也就相应地得到了提高。

第 8 章
欲善其事，先利其器——帮助孩子找到最佳学习方法

总之，我们要让孩子明白的是，所有的课程，都是向别人学习的机会。"三人行必有吾师"，因此，无论孩子喜欢不喜欢一门课，我们都要培养孩子学习的兴趣，只有这样，孩子才能真正端正态度努力学习。

做好预复习，让听讲更有效率

孩子从家庭进入学校、开始学习以后，很多家长都认为，孩子终于大了，可以不像小时候那样劳心劳力了，于是，很多家长把孩子全权交给学校管理；也有一些家长，则是完全相反，他们认为学习是孩子最重要的任务，于是，紧盯着孩子的学习，但却因为方式方法的不正确，对于孩子的学习，他们也是束手无策。

其实，要想让孩子高效地学习，学习方法的正确与否至关重要，其中，必不可少的环节就是预习和复习。

玲玲成绩好的一个制胜法宝就是：预习和复习工作做得很到位。正因为如此，她在上课的时候，似乎老师要讲什么，她都知道；同时，她也很注重复习，每天放学回家后，她都会花一点时间，将课堂知识重新巩固一遍，对于那些没有弄懂的知

识，她会寻求爸妈的帮助。他们不仅是她的父母，还是她最好的老师。课下，同学们经常会谈论到自己的父母。

"我爸和我妈似乎一天都很忙，我放学回家，他们只会叮嘱我要好好学习，从来不会花多少心思在我的学习上，更别说辅导我预习、复习功课了。"一个同学这样谈到自己的父母。

"我爸妈倒不是，他们对我是盯得太紧了，我一回家，他们就会问我当天学了什么，从小学到初中这些年都是这样，这倒是一个很好的回顾、复习课堂内容的好办法，但回答完以后，我哪里还有多少时间去预习新课程？所以，我经常会觉得老师上课讲的内容很陌生……"

这时候，班主任老师也走过来加入学生们的谈话："我认为各个层次的学生都需要预习。成绩好的，预习可以跳出课堂、跳出学科，拓展视野。而对学困生来说预习更重要，否则讲课时往往会被老师牵着鼻子走，没有一点自己的主动性，听课很累。而预习之后，假如这堂课上有三个知识点，他能提前弄明白一个甚至两个，那么就能较快进入状态，听讲中也有侧重点和针对性。"

"是啊，预习和复习在学习过程中都很重要，一样都不能落下啊……"

教育专家指出，科学的学习，需要遵循课前预习、上课认

第 8 章
欲善其事，先利其器——帮助孩子找到最佳学习方法

真听讲，课后复习的"三步走"，这是最朴素也最经典的学习过程。只有提前预习了，上课才能带着目的性去听讲，有的放矢，更高效地去吸收知识，而不会被老师牵着鼻子走；课后一定要及时巩固复习，复习得越及时，知识就掌握得越快、越牢固。

那么，家长该怎样帮助孩子做好预习和复习，成为孩子的家庭教师呢？

第一，预习方面。

预习很重要，但前提是必须要有科学的预习方式，如果预习不得法，结果会适得其反，孩子其实只抓住了点皮毛、知道了点结论，却错误地认为自己都懂了，上课就不注意听讲，这样就把知识的来龙去脉等重点错过了，显然是捡了芝麻丢了西瓜。父母监督孩子预习，可以运用以下两个方法：

1. 教导孩子根据老师的上课方式预习

家长可以告诉孩子，在制订自己的预习计划时，最好先想想老师的上课方式是怎么样的，或索性直接去问一下老师，怎么样预习。因为预习的目的是课堂能听得更好，而课堂计划是由老师来制订的，所以孩子的预习也要与课堂配套。

2. 让孩子与习题配套预习，以便查缺补漏

这就意味着，孩子在认真投入学习之前，先把要学习的内容快速地浏览一遍，了解学习的大致内容及结构，以便能及时理解和消化学习内容。当然，这要注意轻重详略，在不太重要

的地方可以少花点时间，在重要的地方，可以稍微放慢学习进度。另外，父母在孩子预习前，可以给孩子购买一本与课本配套的练习册。买练习册时特别注意，别买参考答案只有一个数字的那种，而要选择有详细解答过程的，这样有助于孩子理顺思路，做错了也能弄明白为什么错，对于不懂的地方就要做出标记。

第二，复习方面。

与预习相对应的，就是复习的话题。很多孩子一听到复习，就会认为是期末大考前的复习，其实片面了。还有一项复习工作，那就是平时的日常复习。只有做好这两方面的工作，孩子才会取得一个很好的成绩。父母可以指导孩子掌握以下复习要点：

1. 多种形式复习

复习是对信息的重新编码，可采用看、听、记、背、说、写、做等多种形式复习整理知识，不必一味机械重复。科学指出，复习的效果在于编码的适宜性，而不在次数。

2. 当天进行复习

要求孩子听讲之后尽早进行复习，可减少遗忘。同时可使新知识联系起来，搞清楚知识前后的联系和规律。

3. 单元系统复习

这一般在测验和考试之前进行，这种复习的重点是领会各知识要点之间的联系，要抓重点和难点，并使知识系统化、结

第8章
欲善其事，先利其器——帮助孩子找到最佳学习方法

构化。对错题进行再次练习是提高成绩的法宝。

4. 假期不忘复习

每年的寒暑假及劳动节、国庆节等节假日，家长可以督促和提醒孩子，除完成作业外，应适当复习，防止遗忘。在节假日，孩子还可以适当阅读课外书，加深和拓宽对知识的理解、巩固和运用。

知识的积累，就像建造房子，从砖到墙、从墙到梁，是一个循序渐进的过程。家长在督促孩子学习的时候，也一定要让孩子养成预习和复习的好习惯。预习和复习的时间并不需要很长，但效果会很好，磨刀不误砍柴工，就是这个道理！

告诫孩子要有目标、有准备地学习

可能很多家长都听到孩子这样问自己：为什么别人比较聪明，总能事半功倍地学习？为什么我的学习成绩很难提高？他们到底有什么样的学习秘诀？

其实，任何一个学习成绩好的孩子都有自己的学习目标和学习方法。作为父母，一定要让孩子明白，他是聪明的，并不是在智力上不如人，只是缺乏一个明确的学习目标，所以在学习上才会眉毛胡子一把抓，找不到重点。那么，如何才能有重

点、有准备地学习呢？你应该告诉孩子以下八点学习规律：

1. 制订计划

要学习好，首先要制订一个切实可行的学习计划。古人说："凡事预则立，不预则废。"按计划学习，就能合理安排时间，得当分配精力(重点学科、难点学科重点投入，但绝对不能偏科)。只有按计划才能使学习做到心中有数，不会打乱仗，长此下去，可以使生活、学习规律化，养成良好的学习习惯，大大提高学习效率。

2. 课前自学（预习）

课前自学有点像作战时的战前侦察，哪儿是暗堡，哪儿是最坚固的地方，哪儿是薄弱环节等。通过预习，可以对教材有个初步的了解，知道自己有哪些问题弄不懂，并做上记号。这样带着问题听课，就会听得更加认真，并且把自己对教材的理解与老师的讲解相比较，加深对教材的理解和记忆，纠正自己的某些片面认识和错误，更重要的是可以培养自己的自学能力，这是一个人在学习和工作中必须具备的能力。

3. 专心上课

这是目前最经常性的，最大量的一个学习环节，因而也是目前学生学习中的一个关键环节。除了端坐静听外，更重要的是积极思考（多问几个为什么），对同一个问题，可以从不同的角度去观察、分析和对比，大胆地提出自己的见解和老师、同学开展讨论。总之，讨论得越充分，研究得越透彻，理解得就越深刻，掌握得就越牢固，并且能够极大地提高自己的分析思维能力，增强学习兴趣。

4. 及时复习

现在的教材，学科庞杂，知识点多，要想做到一次净、一遍成是根本不可能的，所以及时复习是非常必要的一环。除了跟随老师在课堂复习外，更多的是根据自己掌握知识的情况及学习中出现的遗忘等现象，做好课外复习工作。复习不应是机械地重复几遍，而是把学过的知识更加系统化、条理化，纳入整个知识体系之中。

5. 独立作业

强调的是"独立"二字，作业不独立就完全失去了作业的积极意义，还不如不做。此外，要坚决反对那种单纯任务观点，为应付老师检查而作业的不良习惯。作业实际上是课堂学习的继续，通过作业巩固课堂所学知识，检验课堂听讲的效果，培养自己独立思考、分析问题、解决问题的能力，提高学习的自觉性和积极性。当然作业中出现的疑难问题，在经过充分的思考、分析后可以向老师、同学请教或开展讨论，对作业中的错误，要及时分析原因进行订正。

6. 解决疑难

学习中的疑难问题，可以说是大量的，反复的，连续不断的，在学习的整个过程中始终伴随着对疑难问题的解决，能够提出疑点和难点，本身就是积极开动脑筋的一种表现，是一种解决问题的表现。对当天学习中出现的疑难，应该当天就解决，因为明天可能还会有明天的问题，也就是说，解决问题一定要及时，不要让问题越积越多，以致到后来，堆积如山，无法解决。

7. 系统小结

平时学的知识，需要经常顺一顺，理一理，找起来就方便，用起来就顺当，这就需要进行系统小结。除了课堂上听从老师小结外，还可以自学一下课本上每章的小结，最终学会自己小结，把已经学过的知识，储存到相关学科的网络中，一旦需要，就可以提出来应用。

8. 课外学习

如果你成绩优异，课外学习就是进一步拓宽知识面、开阔视野，发展特长，参加学科竞赛等；如果你学习基础差，课外学习就应该努力把欠缺的知识补上来，扎实学好基础知识，加强基本技能的训练，尽快跟上大家前进的步伐。

实践证明，那些成绩好的孩子，他们正是有意或无意，全部或部分地运用了这八个环节，所以只要在这八个环节或其中几个主要环节上下功夫，就一定能形成良好的学习习惯。掌握一套有效的学习方法，学习成绩肯定会有很大的提高，家长也应该结合自己孩子的具体情况，帮助其找到学习目标和学习规律。

第 8 章
欲善其事，先利其器——帮助孩子找到最佳学习方法

让孩子学会听课和记笔记

生活中，很多父母都产生这样的疑惑：为什么孩子每天学习到深夜，甚至挑灯夜战，可是学习成绩就是不见提高呢？其实，这是因为孩子没有利用好最重要的课堂时间。然而，上好课的关键不仅仅在于认真听讲，还要做好笔记，只有做好这两方面工作，听课才会有效率。

丹丹是个学习很努力的女孩，但是成绩却不太理想，而且，上课老师讲的内容她经常有很多消化不了，所以她经常借同桌淼淼的笔记，刚好，淼淼跟她住同一个小区。

一天放学回家后，丹丹对正在厨房做饭的妈妈说："妈，今天该轮到你帮我跟周淼淼借笔记了吧！"

"学习的事儿你怎么老来麻烦我啊？"妈妈开玩笑说。

"我这不是不好意思了嘛，天天跟淼淼借笔记，她会不会烦我了呢？"

"这我可不知道，我看你呀，还是自己上课要好好听，做好自己的笔记，不懂的再去问老师，这样，就不用跟她借笔记了呀。"

"是啊，我也觉得自己的学习方法不对，为什么我花的时间比淼淼多，每天回来研究她的笔记，还考的没她好呢，就是

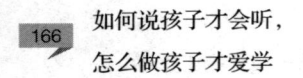

因为我没有利用好课堂时间吧……"

"是啊,课堂时间才是最有效的学习时间啊!"

无论是家长、孩子还是老师都知道,课堂教学是教学过程中最基本的环节。并且,随着孩子学习时间的增加,科目也在增加,无疑都导致学生只有抓住课堂有效的学习时间,才是提高学习效率的关键。

因此,作为父母,一定要把听课和做好笔记作为培养孩子良好学习习惯的重要方面,对此,父母可以从以下几个方面来帮助孩子:

1. 让孩子做好听课前的准备

听课前的准备包括:

心理准备,使情绪饱满,保持心境轻松和平静;

生理准备,让精力充沛,保持大脑清醒和兴奋;

知识准备,做好预习,熟悉与新课有关的知识;

物质准备,将课堂所需物品准备齐全。

2. 教会孩子做课堂的主人,而非被动式地接受课堂知识

最有效的听课方式是积极、主动的,孩子只有发挥在课堂上的主动精神,才会大胆提问,发表看法,积极参加讨论。因此,正确的听课是:

让孩子带着问题上课。如果孩子带着一些未解决的问题进

入课堂，就保持着较强烈的求知欲。此时，孩子会集中精力听教师讲重点、难点和要点。

紧抓老师讲课思路。学生听讲须注意教师讲课中的逻辑性。如果遇到某一问题没听懂可迅速记下来，此时不必死钻"牛角尖"，还要顺着教师的讲解思路去听，那个问题可相机思考或提问。

3. 让孩子学会做笔记

人们都说"好记性比不上烂笔头"，足见笔记的重要性。孩子应养成勤记善记的好习惯。笔记可记：老师反复强调的；相似知识的对比；课文内容与现实相联系的时政知识点；分散知识的归纳综合等。

同时，笔记还要"记得精练"。所谓"记得精练"，指的是笔记的内容要有选择，有所取舍。老师讲课内容多，有的知识已经学过，有的是书本提示，注释中明白写着的，这些就不必记了。你不熟悉的、重要的，一定要记下来，不好理解的、有疑问的，可以在书上做个记号，便于课后思考或者问老师。

俗话说"温故而知新"。记笔记是为了帮助记忆，便于复习。课后经常看看笔记，对熟练掌握已经学过的知识是有帮助的。期末考试的时候，把笔记和课文对照起来复习，互相补充，也是一个好办法。如果你有新的体会，还可以把它们补充到笔记里去，知识积多成学问，听课爱思考，笔记记得好，学

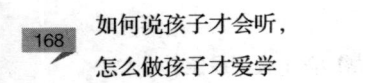

习效率一定高。

4.让孩子处理好记笔记和听课的关系

有些孩子，一门心思记笔记，在上课时，他们非常认真地听课，认真地记好笔记，几乎一字不漏地把老师讲的话和黑板上的板书全部记下来，应该说他们学习非常认真刻苦，但是学习的效果却不尽如人意。这是为什么呢？因为他们犯了一个最大的错误，那就是没有处理好听课和记笔记的关系。

事实上，老师在讲课时，一方面是讲授知识，另一方面则是讲方法，如果把精力都放在记笔记上，则无法认真地听老师讲解，毕竟一心不能二用。

所以，认真记笔记，不在于把所有的东西全部记下来，而是要先认真听懂老师讲课的内容，把重点记下来就可以了，同时，课上有不明白的地方，也要记下来，以便下课后自己找答案或者向老师询问。

5.教会孩子身心放松地听课。

学习是一项消耗体力和精神的活动，孩子如果不懂得放松性学习，那么，上课的过程对于他来说，肯定是痛苦的，同时，因为一节课始终绷紧神经是不可能的，所以调节课上不同阶段的紧张程度很重要。但一堂课的开头和结尾不可忽略，需要认真听讲。

可以说，听课是获得知识的基本途径。听好课是学习的基础，是学习好，取得好成绩的根本；如果你的孩子能认真听讲，做好笔记，他就能提高学习效率。当然，听课的方法很多，因人而异，只要有利于提高听课效率的方法，就是好方法。

帮助孩子寻找适合自己的记忆方法

李太太最近很烦恼，儿子到了初中以后，好像就变得很迟钝，以前一篇古文很快就能背诵下来，现在每天抱着书本读好像也记不住，为了帮助孩子解决烦恼，她请教了小区里的一个文科第一名。

"我用的是目录记忆法和闭目回想法。目录记忆法，指的是：首先不要直接背内容，先把大目录背牢，然后再背小标题。这样体系建立了，对整本书的理解也会加深。"

另外，她说自己在记忆上还有个小窍门——"闭目回想法"。她是这样做的：先闭上眼睛，然后回想书上某页的画面，你可以自己去填充里面的具体内容了。如果发现有个地方怎么也想不起来，就马上翻书，仔细地把这个盲区"扫描"一遍，然后继续闭上眼睛回想下面的内容。这种方法对于加深记忆非常有效。

很多家长都反映,孩子记忆力太差了,老师教过的知识转眼就忘了,有时候一个单词要背很多次,文言文更是不会背,而且,做事丢三落四。这就是记忆力差,事实上,记忆力也是可以增强的。

提高记忆力的过程,实际上也是克服遗忘的过程,培养良好的记忆能力也不是什么不可能的事,只要你能在学习活动中进行有意识的锻炼,以下是九种增强记忆的方法:

1. 兴趣学习法

无论是学习还是做事,兴趣都是最好的老师,任何一个孩子,如果讨厌学习,又怎么可能记得住那些知识点呢?

2. 理解记忆法

理解是记忆的基础。只有真正分析过知识点,才能理解;理解之后,才有可能记得住、记得牢,且记得久。死记硬背,当时可能会记住,但过后就忘。

3. 集中注意力学习

其实,课堂上的时间是最好的学习和记忆时间,充分利用好了课堂时间,课后只要花少量时间加以巩固,就能真正获得知识。相反,如果精神涣散,一心二用,就会大大降低记忆效率。

4. 及时复习

遗忘的速度是先快后慢。对刚学过的知识,趁热打铁,及时温习巩固,是强化记忆痕迹、防止遗忘的有效手段。

5. 多回忆，巩固知识

要真正将某项知识记牢，就要经常性地尝试记忆，不断地回忆，这一过程要达到的目的是，可使记忆错误得到纠正，遗漏得到弥补，使学习内容难点记得更牢。

6. 读、想、视、听相结合

这一方法可以同时调动孩子的多种感官，以此来强化记忆，提高记忆效率，比单一默读效果好得多。

7. 运用多种记忆手段

在记忆时可以用多种方法，如精选法、闭目回想法等。

8. 科学用脑

除了营养均衡、适度锻炼，最重要的就是科学用脑了。对于学习任务重的孩子来说，更要注意科学用脑，防止过度疲劳，这样不仅能保持积极乐观的情绪，还能大大提高大脑的工作效率。

9. 掌握最佳记忆时间

医学专业人士指出，上午9~11时，下午3~4时，晚上7~10时，为最佳记忆时间。利用上述时间记忆难记的学习材料，效果较好。

总之，知识的积累，就像建造房子，从砖到墙、从墙到梁，是一个循序渐进的过程。作为家长，我们要告诫孩子，在学校的时候要掌握一定的学习方法，这样，复习的时间不需要很长，但效果会很好，磨刀不误砍柴工，就是这个道理！

第9章

对症下药——引导孩子树立不同学科的学习要领

作为父母,我们都曾从学生时代走来,所以我们也知道,每门课都有自己的特点,语文注重平时的广泛积累,特别是作文的写作;英语注重语感的培养,需要平时多读、多听、多看;数学注重解题思路的锻炼,即注重解题过程。而一些孩子成绩优异,就是因为他们能做到因课学习,每门课都有自己的学习方法。同样,我们在培养孩子学习能力的时候,也要因课而异、对症下药,这样孩子才能掌握不同学科的学习要领,进而全方位提升各科成绩。

学好语文靠积累

从学生时代过来的我们都知道,语文是一门重要的工具学科,是人类语言的基础,所以学好语文是至关重要的。对于学生来说,学好语文,不仅仅有利于人际间的交流,还有助于加强对其他学科的理解能力。同时,语文成绩的好坏直接关系到孩子能否进入更高的学府学习。所以,对于孩子来说,学好语文是头等大事。家长不要抱着"学好数理化,走遍天下都不怕"的心

第9章
对症下药——引导孩子树立不同学科的学习要领

态,也不要忽视学好语文的重要性,更不能冷冷相待。

可是,又有家长产生这样的疑惑:"为什么我的孩子总是学不好语文呢?"事实上,学好语文的关键在积累。我们先来看下面的案例:

课间,丹丹趁着休息的时间,拿起当天的《人民日报》看起来,她的同桌蕾蕾看到后,赶紧说:"语文老师还在班上呢,你怎么就敢看报纸呢,你看我们都在预习下一课呢!"

"下一课我晚上回去预习,前面一课老师今天讲不完,课间休息的时间看看报纸很好啊。"

"我妈妈要是知道我在课间看报纸,那我肯定完蛋了。"

"怎么会呢,你知道不,其实,要想学好语文,就要靠平时的积累,多涉猎一些课外知识,看报纸就是一个很好的方式啊!"

"是啊,丹丹同学说得很对,你们在课间看一些课外书或者报纸,老师是不会反对的,相反,老师还要鼓励呢。因为学习语文要靠平时的积累。拿我小时候来讲,我在父亲的督促下,经常阅读一些关于诗歌欣赏、散文、小说的报刊杂志。就这样日积月累,老师的语文成绩才提高了,后来就选择了语文教师这一个行业。"这时,语文老师走过来和他们聊了起来。

"可是,我爸妈很少让我看课外书,家里书架上的书,我几乎都没看过,因为爸妈不让。"蕾蕾委屈地说。

从这一案例中，我们可以看出来课外阅读对于孩子语文学习的重要性。

那么，作为父母，我们该怎样指导孩子做好积累、学好语文呢？

1. 教孩子掌握扎实的课本知识

课本知识是语文的基础，打好基础才能更好地学习它。老师的授课是相当关键的，他给予学生的是经过筛选后的精华，并且有着很强的指导和启发意义。有不少孩子认为只要上课时专心听讲、勤记笔记，课后认真完成作业，再加上自觉复习，就能使成绩提高。其实，这还不够。学习的最重要阶段是预习。也就是说，在老师上课之前，你先得自己学习一下课文，在预习中要尽量运用你已经获得的知识和方法去主动地解决自己能解决的问题，把不懂的问题记下来，在上课时跟老师、同学一起学习讨论。课本要反复阅读，直到把问题看得透彻了、明白了。为了巩固知识，家长还要监督孩子最好在课下做一些练习，知识才会掌握得更牢固。这样不仅学习效果好，而且培养了孩子的学习能力。同时，练习也是必不可少的，并且要有一定的量，要通过听课和一系列同步练习或专题练习，将基础知识和基本阅读及写作技巧牢牢掌握。

2. 让孩子多渠道掌握课外知识

知识就像海洋，课本里的知识只是海面上的一个浪花，是远远不能满足我们的需求的,所以适当的课外阅读是很有必要的。进入了紧张的学习阶段,我们不可能再有大量的课余时间进行阅读,因此,阅读时要有选择。父母要教育孩子关心社会生活,了解社会动态,使自己的思想不断进步。总之,生活中,"处处留心皆语文",社会这个大课堂里,随处都可以学语文。看报纸,看电视,看电影,看广告,看通知,听广播,听歌词,与人交谈,写书信等日常应用文字……无处不有语文可学。因此,语文学习的形式多样和不拘一格,相对其他学科,完全占有绝对的优势!

3. 加强孩子的阅读量

一般来说,阅读量提高了,语文水平自然也提高了。父母要尽量为孩子创造条件,增加孩子的阅读量。这样,当你的孩子肯钻进书的海洋游历一番,一段较长时间后,你会发现你的孩子居然能出口成章。博览群书确实能快捷有效地积累知识,能在潜移默化中提高阅读能力和语言的综合能力。而看书也有方法可言。首先应选择一些优秀的读物;看后不妨做些读书笔记,摘录精彩的词句、语段和有用的材料。

4. 加强孩子的写作训练

有时会读书的人不一定能写出好文章,只有通过自己实践练习,学以致用才能真正获得知识,知识积累的过程才算完成。同时,写作也是学习语文的一个重要目的。提高写作能力要从点滴做起。课外积累是写作的基础，要学会对文章的细读，精彩的篇章最好能背诵。如果腹内空空，是写不出好文章的。习作形式可以是日记、周记、读后感、命题作文、随笔等。写好的作文要反复修改，也可以请教老师、同学的意见，精益求精。

总之，学好语文的关键在于积累。父母要教育孩子把语文学习融入生活中，把它与生活紧密结合，从生活中来，到生活中去。我们的生活五彩斑斓，一个生活的有心人总能从中发现和获得无限精彩的知识和素材，并且这些都是最有生命力最富时代感的。当你的孩子能树立正确的学习目的，掌握基本的学习方法，并从现在开始长期坚持的话，一定能收到成效。

学好数学要细心

作为父母，我们都知道，学习数学一定要打好基础，这就像盖房子一样，地基不打好，房子盖不高。而在平时的学习生活中，我们经常听到有些孩子抱怨数学学不好："数学难学死了，听老师讲课就像听天书一样。"事实上，数学也不是那么难学，这些学生之所以学不好数学，有个很重要的原因就是他们不细心。细心是做好一件事的重要保证，对数学学习有特别

第9章
对症下药——引导孩子树立不同学科的学习要领

意义，孩子解数学题时如果粗心的话，那么你就有可能无法准确地找出"病因"，很难厘清题中的细节，所以想要学好数学一定要细心。

小菊的妈妈是初一的数学老师，小菊小学毕业那年暑假没有暑假作业，小菊的妈妈就想在这段时间提前让女儿学点数学知识，下面是小菊妈妈为女儿记的学习日志：

"放假了，我并没有给小菊报学习班，她的主要学习任务是在家里。记得一开始做数学的时候，她最大的缺点就是不细心，自以为很聪明，所以做题随心所欲。特别是在草稿纸上做的题更是乱七八糟，我看了以后很不满意，对她进行了严厉的批评。我严肃地告诉她：'态度决定一切，态度认真，做题细心是学好数学的关键，书写也特别重要，特别是从草稿本上就能看出自己学习的态度怎样，一看你的草稿本就知道你的学习态度不端正，自以为是，希望你好好想一想。'小菊听了以后，低下了头，但是我从她的表情可以看出，还是没有完全理解我说的这段话。

"事实证明我是对的。后来，我就让她做题，从她的书写可以看出，她做题的态度有所转变，但是错题还是很多。于是我们一起分析原因：是不是不会做？是不是没有细心去做？她承认会做，但就是没有细心。其实，数学掌握了方法之后，关键就看自己做题的时候是不是细心，如果不会做不要紧，但是如果不细心做错题那是真可惜。上了初一之后，数学题的步骤很多，如果不细心就会前功尽弃。

"原因找到之后，小菊的确认识到了细心是做对数学题的关键，因此后来态度端正了，做题细心了，准确率也就高了，她看着一个个鲜红的大对钩，脸上露出了笑容。

"后来，在整个初一，女儿的数学成绩一直很不错。"

从这一案例中，我们看到细心对于学习数学的重要性。的确，在现实的数学学习中，不少孩子经常因为粗心而做错题，拿数学考试来说，有些孩子每次考试总免不了犯"低级错误"，丢三落四，离开考场就后悔。每次都以"粗心"为托词，总是改不了。其实，这些孩子只有注意这些问题，在考试中才能发挥实际水平。而从另一个方面说，孩子学好数学，也可以培养他们的细心，"数学使人周密"，在观察事物时细心能很快看到事物的本质。

那么，作为父母，该怎样培养孩子细心学习数学的习惯呢？

1. 寻根究源，找出孩子总是犯"低级错误"的心理原因

孩子不细心，常犯一些"低级错误"，仅仅用"粗心"来概括未免过于含糊。对于孩子的这种粗心的学习习惯，大部分家长的做法是对于孩子提出一些原则性的要求，而对于那些

经常粗心的孩子来说，他们在具体的作业或考试的过程中，虽然知道自己要细心，但不知究竟如何做到细心。当然，他们的"不细心"的毛病也就难以得到实质性的改变。如果我们从心理学的角度来分析的话，孩子出现不细心的心理原因是分心。所谓分心就是注意力不集中。如果孩子在做作业或考试的过程中解具体的一道时，注意力不完全集中在这道题目上，而是想着另外一道题或其他事情，那么结果就会导致实际的计算结果与书写的结果不一致的现象。

2. 对症下药，采取针对性的措施，培养孩子细心学数学的习惯

根据这种心理原因，采取有针对性的教育措施。首先，家长要设法为孩子提供一个安静的学习环境。孩子的家庭学习环境十分重要。如果说，他们在学习过程中，经常受到外界如电视、家长的吵闹声等的干扰，那么，注意力就会被分散。因此，要使孩子在学习过程中专心致志，家长要为他们提供良好的学习环境，安静的学习环境是条件之一。在保证孩子有个安静的学习环境下，家长还应该对孩子进行一些针对性的训练：

（1）为孩子拟订一些切实可行的数学学习计划。这份计划的内容可包括：复习当天的数学学习内容、完成老师布置的数学作业和预习明天的数学学习内容，除此之外，家长可以根据孩子的兴趣，和孩子一起探讨一些数学问题。

（2）让孩子养成按照计划进行数学学习的习惯。有了学习计划之后，家长要设法训练孩子严格按照计划进行学习，让孩子在做完一件事后再做另外的事情。千万不能让学习计划形同虚设。孩子能够严格地按照学习计划进行学习，那么他们的注意力就会集中到当时要做的事情上去。

（3）让孩子养成检查数学作业的习惯。孩子完成作业以后，家长应该让他们自己进行复查。家长代他们进行复查的做法对孩子的发展并不利。孩子自己复查发现错误，就会真正体验出出错的原因。而家长代为复查，孩子虽然也能知道出错的地方和出错的原因，但容易产生复查的依赖性，自己缺乏主动反省的意识，这在考试过程中就要"吃亏"。

（4）结合家庭生活对孩子进行集中注意力的训练。孩子的"粗心"习惯虽然出现在学习上，但家庭生活对此也有相当大的影响。例如，在吃饭的时候要专心，不要多讲话；游戏的时候，不要一会儿玩这儿，一会儿玩那儿；看电视的时候，乱调频道。

当然，让孩子细心学习数学的方法有很多，家长可以根据孩子的个性要求和生活习惯等，逐步帮助孩子改正粗心的习惯！

学好英语要敢说

老师和家长们都知道,英语已经越来越普及了。在日常生活中也有越来越多的人在使用英语。英语成绩的好坏也直接影响到孩子的升学,所以英语的学习对于孩子来说相当重要。虽然孩子很小就开始学习英语,但孩子在学校里面学的都是"哑巴英语",只会课本上的读读背背。孩子只是这样学英语是学不好的。因为英语是一种拼音文字,拼音文字主要靠发音来记住其拼写。要记住一个英语单词和句子,主要靠记住单词的发音,只要能读出就能记住,只要能说出就能写出。所以想要真正学好英语,必须从敢开口说开始。

周末,丹丹在家做习题,碰巧,有个句子不会翻译,一时懒得查字典,就喊来在厨房做饭的妈妈。妈妈听到女儿喊自己,就顺便说了一句:"你把那句子给我读一下,我听听。"

"可是……"丹丹支支吾吾说不下去了。

"怎么不读啊?"丹丹妈妈在厨房那头问。

"我不会……"

妈妈想趁这个机会,对丹丹的英语学习提几点意见:"丹丹啊,妈妈知道你学习很努力,英语成绩也不错,但你发现没,你的口语好像不怎么样,光会考试不会运用,这不成了

'哑巴英语'了吗？"

"其实，我也知道，但每次我想开口说的时候，我都怕别人笑话我说得不好，时间一长，我就再也不敢开口了。"

"其实，你们现在才刚初一，谁都不能说出一口很流利和地道的英语，如果这时候你不敢突破自己，不敢大胆地说出来，那么，可能到初二初三，差距就真的出来了。"丹丹妈妈说。

"我知道了，妈妈，以后我要是发音不准的话，您能帮我纠正吗？"

"当然可以。"

孩子不能开口说英语主要有几个问题：一是因为孩子学了之后，没有练习的人。二是因为说错了怕被人笑话，没有学习的氛围。当然，原因还有很多种，但这些都制约了孩子的英语学习。

那么，作为父母，该怎样帮助孩子走出不敢说的心理误区并帮助孩子学好英语呢？

1. 帮助孩子做好心理建设

孩子这种胆怯的心理是学习外语的一大障碍。究其原因，是对自己语言水平的不自信，怕在表达的时候犯错误，尽管事实并非如此。你可以从以下几个方面帮助孩子克服这种心理障碍。

（1）让孩子学会换位思考。比如，你可以告诉孩子："如

第9章
对症下药——引导孩子树立不同学科的学习要领

果外教在用中文与你交流，你会对他所犯的错误有想法吗？会因为他把句子说得颠三倒四就对他的能力等产生质疑吗？答案一定是否定的。反之亦然。在外教眼中，你是一个正在努力学习他们的语言的外国人，他不但不会嘲笑你，反而会更多地帮助你。"孩子明白这个道理后，自然能破除心理障碍了。

（2）让其明确学习的目的。语言是一门用于交流的工具，在学习初期，说不好、犯错误在所难免。只要不影响交流的效果，大可放开胆子开口说。

（3）让其正视错误。怕犯错往往是怕丢脸，可事实上，错误是最好的老师。这次犯了错，就会更清楚地记住正确的用法，大大减小下次犯同样错误的可能性。

2. 找出最适合孩子的练习方法

（1）主动为孩子创造环境进行口语训练，要让孩子融入真实的语境。比如，你可以帮孩子找到一些练习英语口语的伙伴，这样，在同等水平的同伴面前，孩子不仅能找到自信，还能接受听力训练，交流英语学习经验，开拓视野，提高学习英语的兴趣。

也可以让孩子多参加一些文化活动。你可以根据孩子的兴趣，让其参加一些活动，不仅可以提高孩子的英语水平，更深入地了解其他国家的文化，还可以在那样的场合接触到不同的外国人，交更多的外国朋友。随着时间的推移，他就能越来越

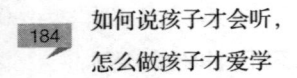

自如地跟外国朋友交流、互动了。

如果找不到练习伙伴或参加英语活动的机会很少，也没关系，父母可以和孩子一起练习，当全家都对英语口语的练习产生兴趣，形成一种氛围之后，孩子的胆量和能力都会有所提升。

（2）帮助孩子有意识地克服口语练习过程中常见的不足。你需要帮助孩子克服下面两个方面的问题：

一是语音、语调。你应该让孩子抓住一切可能的机会模仿正确发音，改掉不良的发音习惯，使自己发音准确，语调自然、流畅。可以通过大声且快速地朗读英文绕口令来加以训练，这样既可以增强学习兴趣，提高自信心，又可以使发音变得清晰、圆润。

二是用词。中国式的英语口语一个很大的缺点就是大词用得多，而真正地道的英语口语却充满着短小、活泼、生动的短语。对此，父母可以带领孩子多学习外国的文化背景，让孩子尽量避免出现一些表达错位的问题。

（3）让孩子尽量用英语思维。英汉两种语言在语法、句式、文化背景等方面存在着很大的差异。在口语学习的过程中，要多了解外国人的思维方式，尽量使用英英词典而不是英汉词典。学会用英语思维，讲出来的英语才更地道。

（4）加强孩子的听力训练。欲将语言知识转化为语言能力，特别是表达能力，首先要强化听力训练。生活中，父母可以让孩子多听英文广播或英语影视作品等，大量接触生动语言，并通过听来理解语言信息。同时，还要教育孩子充分利用听力课的时机，结合教师传授的一些听力技巧，大力提高听的能力。

做任何事情都一定会有最优的方法，学英语也肯定有方法，如果不得其法，必然事倍功半，但是再好的方法如果没有努力做基础，那么也只能是纸上谈兵，毫无用处。孩子在练习英语口语的时候，父母一定要起到很好的监督作用，让孩子持之以恒，这样，你的孩子一定能走出学英语的误区！

学好物理、化学要联系实际

孩子进入初中以后，学习的课程会一下子多起来，其中，增加的就有物理和化学，可能很多孩子在学习理化的时候，还是采用学习其他课程的方法，也就是只重视课堂学习，而这样学习导致的直接结果就是失去了物理、化学的实用性，孩子的学习也仅仅流于表面，尽管很多学校都安排了实验课，如在义务教育化学教科书中编入了81个演示实验、10个必做的学生实验和9个学生选做实验，还安排了13个家庭小实验。但很多学生只图看热闹，光看现象，不动脑子思考，看完了不知道是怎回事，这样是不利于学习成绩的提高的。

　　初中的各科目中，物理、化学是相对较难学习的学科，很多孩子总有这样的疑问："上课听得懂，听得清，就是在课下做题时不会。"这是个普遍的问题，其实，原因之一就在于他们没有将理论联系实际，毕竟，物理和化学是实用性很强的学科。那些基本概念、规律和一些最基本的结论当然应该熟记，但物理和化学的学习不能停留在这些基础知识的死记硬背上，而是要走出书本，走进生活，才能真正理解、学好书本知识。

　　这天早上，豆豆上学迟到了。原来，事情的经过是这样的：

　　豆豆头天晚上看书看得太晚，但他还是决定按照闹钟调好的时间——六点准时起床，但不幸的是，他的闹钟居然坏了，等睡到"自然醒"的豆豆醒来一看自己已经要迟到了。

　　"爸，我迟到了，闹钟今天居然不工作了，我不吃早饭了啊。"豆豆收拾完自己的书包，就匆匆走了。

　　下午放学回来后，他放下书包，就开始鼓捣自己的闹钟，在厨房做饭的爸爸很奇怪："你这是干什么呢？"

　　"修闹钟啊，不然明天早上我又迟到怎么办？"

　　"我晚上把手机给你用，我明天就去给你买一个，赶紧洗手吃饭吧，别弄了。"爸爸催着豆豆。

　　"没事，您先吃吧，这不是什么大事儿，我一会儿就能修

第9章
对症下药——引导孩子树立不同学科的学习要领

好,我好歹已经是个初中生了,学了物理了,一会儿修好了给你看看……"

"那我先去了,这孩子……"

果然,不到一会儿,豆豆真的修好了自己用了很多年的小闹钟,而实际上,豆豆的物理成绩一直不错的原因就是他喜欢多动脑思考生活中的一些小问题。

物理、化学这两门自然科学课程难学,靠死记硬背是学不会的,一字不差地背下来,出个题目还是照样不会做。常言道:"理解是最好的记忆",真正的理解来自于实际,作为家长,不可忽视物理和化学的实用性,要引导孩子从实际出发来学习、理解物理、化学,孩子就一定能学好这两门学科!

那么,作为父母,该怎样引导孩子学好物理和化学呢?

1. 教导孩子重视实验操作

通过演示和学生实验,学会观察老师演示实验的操作、现象,独立地做好学生实验,上好实验课,是学好物理和化学的基础,毕竟,课本上的实验是理论知识的最好再现,只有掌握了这些基本的实验,才能将其运用到生活中。

所以,父母要教导孩子在课堂上认真观察老师所做的每一个演示实验的操作和实验现象。这些实验是很生动、很直观的,实验中千变万化的现象最能激发学生的兴趣。观察实验前，要明确观察的内容是什么？范围是什么？解决什么问题？这就叫作明确观察的目的，只有目的明确了才能抓住重点进行观察。观察时还要仔细、全面。例如，氢气还原氧化铜的演示实验，实验目的是验证氧化还原反应，氧化铜被氢气还原成铜。观察时先看清反应物是无色的氢气和黑色的氧化铜粉末，反应的条件是加热，生成物是水和亮红色的铜。

同时，要告诉孩子一定要亲自动手，不做旁观者。要上好学生实验课，课前必须进行预习，明确实验目的、实验原理和操作步骤。进行实验时，要亲自动手，不做旁观者，认真做好实验内容里所安排的每一个实验，在实验过程中要集中注意力，严格按实验要求操作，对基本操作要反复练习，对实验过程中出现的各种现象，要耐心细致地观察，认真思考，准确如实地记录。

2. 从生活入手，激发孩子运用物理、化学知识解决问题的能力

任何知识都来源于生活，并服务于生活。但现实生活中，很多父母认为，孩子就要好好学习，那些与学习无关的事，他们一般都是强烈反对孩子参与的，长此以往，孩子就只会被动接受知识而不会主动思考。而事实上，生活中充满了让孩子学好物理、化学知识的素材，如豆豆，当自己的闹钟坏了以后，他想到的就是自己修理，这就是一个充分运用所学知识的好方

法。因此，作为家长，当孩子对生活中的一些问题产生疑问时，一定不要阻拦，而应该鼓励孩子大胆想象，当孩子解决了问题后，还会产生浓厚的将物理、化学学好的欲望和兴趣。

3. 让孩子多接触课外读物，开拓孩子的视野

学好物理、化学，要重视阅读课外读物，如《中学化学教学参考》，它的内容紧扣化学教学大纲和教材，其针对性和适用性很强，配合教学进度，指导解析疑难，注意智力开发，重视能力培养；题材广泛新颖，内容丰富多彩，文章短小精悍，通俗易懂，形式生动活泼，图文并茂。课外读物能帮助孩子开阔视野，扩大知识面，激发学习兴趣，掌握学习方法，透彻理解教材，灵活运用知识，培养探索精神，它们是孩子的好朋友。

让孩子学会在合作中学习，取长补短

当今社会，既是竞争型社会，又是合作型社会，没有谁能单枪匹马取得成功，培养下一代的合作意识和能力已经成为教育者关注的一大问题。《周易·系辞上》中提到了"二人同心，其利断金；同心之言，其臭如兰"，就是合作的优点。而我们的孩子，从家庭进入学校学习，就开始学习各种能力，孩

子学会在合作中学习，展开沟通与交流，过滤出精华，提高解题能力和分析能力，并养成独立思考、互帮互助的习惯。

小寒是班上的学习委员，学习成绩自然不错，因此，向她求教的人不少。刚开始的时候，她并不愿意与同学一起分享那些学习心得，因为她认为，自己的学习成绩之所以总是名列前茅，自然是在学习方法上比别人好一点，但经过了妈妈的那次教育后，她改变了自己的看法。

那天，孙玲来找小寒借笔记，顺便有几个不懂的问题来问她，她看到孙玲上楼了，就对妈妈说："待会儿孙玲要是来了，你就说我不在啊，我都快被她烦死了。"

"你这孩子，怎么能这样，同学来请教你，这是看得起你啊。"妈妈说。

"她学习太勤奋了，照这样下去，我的第一名都不保了……"小寒义正言辞地说。

"那是你的想法错了，你是第一名不错，但是难道你的学习方法就是最好的，你就没有再可以进步的地方了吗？你应该和同学们多交流，而不是只把笔记借给他们，合作性学习才能取长补短啊！"妈妈语重心长地说。

"嗯，妈妈说得对，我知道该怎么做了。"

的确，合作学习是提高成绩的捷径，联合国教科文组织提出的教育四大支柱之一就是"学会共同生活，学会与他人一起生活"。由此看来，合作学习的优点是显而易见的：它不但能激发孩子的潜能，促进同学之间的交流，改进人际关系，还能促进孩子在学习上互相帮助，共同提高。因此，父母要鼓励孩子在学习中一如既往地发扬合作精神，让孩子在合作中成长。

那么，合作对于学习阶段的孩子有哪些好处呢？

1. 增强孩子合作意识，提高学生社交能力

真正的友谊是在共同完成一件事、攻克困难的过程中形成的，通过孩子们之间的交流和互帮互助，能让孩子学会以集体利益为重。在不断的讨论交流中，学生不仅要为自己的学习负责，而且要为本集体的荣誉负责。因此每个同学都要尽自己的最大努力去学习，从而完成学习任务。合作学习是同学之间互教互学、彼此之间交流信息的过程，也是互爱互助、情感交流、心理沟通的过程。

2. 培养孩子团体精神，锻炼心理素质

合作学习突出了"集思广益"的思想，让孩子体验合作学习的快乐，提高孩子的实践能力，激发孩子的求知欲望，使孩子对学习充满热情。孩子在合作学习中，能真正启发自己，帮助别人。

父母想要真正通过合作学习来提高孩子的学习能力，就要

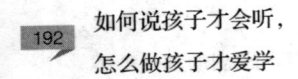

把握合作学习中的几个"必须":

1. 必须培养孩子的责任意识

与合作性学习的好处相对应,合作性学习的要求之一就是要有责任意识。父母要教育孩子,一旦与同学合作性学习后,无论你分配到的是何种任务,都应该认真完成。因为你不仅要为自己的学习负责,还要为你所在小组的其他同伴的学习负责。所以,若想合作学习产生良好的效果,第一步就要树立"人人为我,我为人人"的责任意识。

2. 必须培养孩子的参与意识

有的孩子虽然愿意与人合作性学习,但一到交流的时候,就敷衍了事或者根本不参与,这样的孩子在完成学习任务的过程中,可能掌握了一定的知识,却没有使自己的表达能力和思维能力得到锻炼。

3. 必须培养孩子的协作意识

实践证明,合作与竞争相结合的学习效果明显高于单纯竞争的学习效果。但作为学生个体要想在竞争中取胜,不仅要完成自己的任务,同时也要与其他同学密切合作。在合作性学习中,有些孩子的确发言活跃并且很有责任心,但常常效率欠佳。因为这些孩子的协作意识不够,太注重表现自我,以图展现自己的光彩,在争执过程中降低了合作效率。其实,每个孩子都应该意识到自己在小组中的角色,也要意识到学习任务的完成要集思广益、取长补短，依靠全组的成员共同努力。

因此，父母们应该把握好合作学习的培养时机，从这些方面着手培养孩子，让孩子在合作学习中摆正心态，眼、耳、手、口、脑都动起来，认真听取他人的意见，不断进行知识的整合，在合作学习中吸收有益的知识和方法！

第10章

习惯真的很重要——培养孩子良好的学习习惯

生活中，我们经常听到有些家长抱怨自己的孩子：上课时不是做小动作，就是窃窃私语；一回到家就看电视，一写作业就坐立不安；课外作业马虎了事，甚至时常打折扣……说到底，这都是因为孩子没有养成良好的学习习惯，对此，父母要明白，好的学习习惯的形成有一个过程，长期有意识地帮助孩子培养，对于他们的学习乃至以后的成长和发展都有极其重要的积极作用。

鼓励孩子敢于质疑，开动大脑

我们都听过这样一句古语："学贵质疑，小疑则小进，大疑则大进。"这句话强调了质疑在知识获取中的重要性，同样，质疑也是孩子自主探究的起点，也是体现孩子自主发展的标志。有了疑问，才会产生自主探究的浓厚兴趣。在学习过程中，要是孩子能对教材难以理解的内容提出质疑，或者对某种观点有不同的看法，这说明他勤于思考，敢于提出问题，有了初步的创新意识，产生了创新的冲动。作为父母，要鼓励孩子

第10章
习惯真的很重要——培养孩子良好的学习习惯

敢于质疑，开动大脑，促使孩子主动发展。

有一天，小竹在预习语文课文的时候，发现课文中有一个错别字，但她也不敢肯定，于是，就查了好几遍字典，结果证明自己都是正确的，于是，她就拿着书本去找在看电视的妈妈：

"妈妈，你看，语文书上居然有错别字呢！"

"怎么可能，你们的教科书还有错误？"

"真的，妈妈，您看看嘛！"

"妈妈要看电视呢，你明天去问老师吧，估计老师也会说你错了。"妈妈不耐烦地对小竹说。

小竹一听，有点生气："妈妈，你知道尽信书不如无书的道理吧，但你现在怎么这样呢？"

看着女儿情绪有点不对了，妈妈拿过书一看，原来，这个字果然是错的。

"对不起啊，女儿，妈妈错了，妈妈不该只顾着看电视而打击你质疑问题的积极性，以后遇到类似的问题，你都可以来问妈妈，妈妈不知道的，也会找人帮你解决。"

"这才是我的好妈妈，谢谢妈妈！"

在学习过程中，孩子是有一定的自主意识的，尤其是年纪较大的孩子，他们对自己不明白的问题，有时候会产生质疑，并试图找出正确的答案，但是，很多时候，孩子质疑的精神却被家长扼杀了。现实生活中，父母往往只重视孩子学习的结果，只重视孩子记住了多少知识，只重视孩子的学习成绩，却忽视了对孩子敢于质疑习惯的培养。他们只希望孩子做个"听话"的学生，遇到孩子的疑问，他们会告诉孩子："你把老师教的学好就行了，别管那些，简直耽误学习！"孩子放学回家的时候，家长问孩子第一句话："老师教的知识都记住了吗？""今天考了多少分？"于是，孩子在父母这些"谆谆教导"下，开始变得"听话"，而孩子质疑问题的积极性也就打消了。

认真做事是重要的，而积极思考、敢于质疑和创新更为重要。

那么，作为父母，我们该如何培养孩子的质疑精神呢？

1. 允许孩子说出自己的想法，允许孩子有自己的想象力

孩子的想象力是学习和创造的动力之源，具备想象力的孩子才敢于质疑，没有想象力的孩子就像一潭死水，没有生机和活力。作为家长绝对不能有意或无意地扼杀学生的想象力。那么，如何保护和培养孩子的想象力呢？这就要求家长要有足够的耐心，要允许孩子说出自己的想法，对孩子充满想象力的答案要给予表扬，遇到问题鼓励孩子打破常规，发挥自己的想象力，不要用标准答案要求孩子，允许孩子有不同的答案、不同

第10章
习惯真的很重要——培养孩子良好的学习习惯

的见解。对于孩子的错误要宽容，久而久之，才能培养出孩子善于想象的天性。

2.培养孩子多动脑的习惯

思考是提出质疑、发现新问题的前提。许多非常成功的人都是善于思考的。牛顿通过对苹果落地现象的质疑产生了关于重力的思想；爱因斯坦通过对太阳的质疑产生了关于相对论的思想；爱迪生因为最爱向老师"问为什么"而成为伟大的发明家。一个只知记忆，不善思考，不敢质疑问难的孩子不是个好孩子，不会有创新能力，只能是一个平庸的人。父母要想让孩子有所突破的话，就要鼓励孩子多思考，如在做数学题的时候，你可以鼓励孩子多找出其他解题的方法；当孩子对某些生活现象产生疑问时，你也要鼓励孩子多思考，久而久之，孩子爱思考的习惯也就形成了。

3.重视孩子提出的问题，培养孩子质疑的积极性

很多父母认为问题应该在课堂上，孩子平时问一些不着边际的问题对学习没有任何好处，于是，对孩子的问题，他们往往采取的是忽略甚至批评孩子。其实，生活中的问题也是问题，解决这些问题既能增强孩子的求知欲，又能对培养孩子的批判性思维有很大的帮助。所以，作为父母，不能害怕孩子问来问去，而要鼓励他去发现问题。

总之，孩子的头脑不是一个等待填满的容器，而是一个需

要点燃的火把。父母一定要消除"听话的孩子就是好孩子"这一观念，要不择时机地启发和培养孩子敢于质疑的精神，鼓励孩子在学习中勇于提出问题，敢于表现自己，敢于别出心裁，敢于挑战权威、挑战传统，努力使孩子养成想质疑、敢质疑、会质疑、乐质疑的良好习惯。

不让孩子养成粗心马虎的习惯

马虎粗心是人类性格中的一个缺点。不论成人还是孩子，因为马虎粗心而造成不良后果的事件很多。可以说，马虎粗心就是缺乏责任心的表现，作为父母，我们只有培养孩子的责任心，训练其缜密的思维，注意细节问题，才能在未来社会的竞争中立于不败之地。

孩子爱马虎、粗心的毛病，多半是家长没能在小时候多加培养，没有给儿童养成细心认真的好习惯所导致的。粗心的毛病容易给人带来麻烦，不但影响孩子的学习成绩，升学考试，还有可能给人们的生活带来不幸，给社会带来灾难。"小马虎"从表面上看似乎不是什么大毛病，但若不及时纠正，却可能造成严重的后果。对此，父母要在孩子还小的时候，纠正孩子马虎粗心的缺点，不要使其成为习惯。要纠正孩子马虎粗心

第10章
习惯真的很重要——培养孩子良好的学习习惯

的习惯，首先要找出他们马虎粗心的原因。

引起马虎的原因，多与家长的教育有关，如果在儿童幼年时期没有对他们进行系统的训练，或是常让孩子一心二用，边看电视边写作业，或是让孩子在一个嘈杂混乱的环境里学习，都有可能养成儿童粗心马虎的毛病。

那么，怎样避免孩子养成粗心马虎的习惯呢？

1. 从培养孩子的责任心做起

孩子的马虎粗心，最根本原因是缺乏责任心所致。一个有很强责任心的人，做任何事情都不可能马虎、不可能粗心。所以要纠正孩子马虎粗心的习惯，要从责任心的培养做起。因为有了责任心，他自然能够小心谨慎地对待每一件事情，避免马虎。

家长们应少一些包办、少一些关照、少一些提醒，让孩子自己处理自己的事情；让孩子多承担一些家务劳动，多做一些力所能及的事情，以培养孩子的责任心。有时候家长要狠得下心来，让孩子吃苦头、受惩罚。

比如，上学前让孩子自己整理该拿的东西，如果他忘了，你也不要给他主动送去，而要让他受批评、受教育。再如，孩子外出之前，让孩子自己准备需要的食品和衣物。家长只做适当的提醒和指导，不要大包大揽，也不要强行将自己的意志强加于孩子，等他少带了食品，少带了衣物，或落下别的什么东

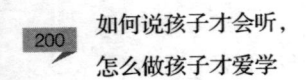

西，在外吃了苦头的时候，他自然会吸取教训，责任心自然而然地会加强。等下一次外出的时候，肯定不会粗心，丢三落四了。

2. 从培养好的生活习惯做起

我们发现，如果一个孩子的房里一团糟，鞋子东一只西一只，他的作业往往字迹潦草、页面不整，做事丢三落四、凭兴致所至，观察没有顺序、思考缺乏条理，表现出典型的马虎粗心的特点。因此，从生活中小事做起，培养孩子良好的生活习惯，能减少孩子的马虎粗心。常用方法是：让孩子整理自己的衣橱、抽屉和房间，培养孩子仔细、有条理的习惯；让孩子安排自己的课余时间和复习进度表，培养孩子有计划、有顺序的习惯；通过改变孩子的行为习惯来改变他的个性。天长日久，孩子的马虎粗心就会渐渐改正。

3. 培养孩子集中精力学习的好习惯

有的家长，不管孩子是不是正在学习，都把电视机开着，或者自己打牌、搓麻将，这些做法都会造成对孩子的干扰，使他不能集中精力去学习，久而久之，孩子便养成了一心二用的坏习惯。有的孩子放学回家以后，总是边看电视边写作业，或者戴着耳机，一边摇头晃脑地唱着歌儿，一边做习题。试想，这样怎么能聚精会神呢？

4. 引起孩子对考试的重视

虽然家长和老师不要过分看重分数，不要给孩子增加太多的考试压力，但这并不意味着让孩子轻视考试，对考试漫不经心，考试毕竟是检验孩子学习状况的一种手段，应该让孩子重视起来。对考试重视的孩子，也能在做其他事上认真起来。

5. 培养孩子认真的习惯

有些孩子马虎，是和性格分不开的。一般来说，马虎粗心的孩子开朗、心宽、不计较。这是他们性格中的优点应该加以肯定、保护，但性格外向的孩子更易患马虎大意的毛病。所以，更需要家长在性格上多加培养，引导他们遇事认真、谨慎。

认真是任何人做好一件事情的前提，如果做什么事情都敷衍了事，草草出兵，草草收兵，必然做不好。然而认真、不马虎是一种习惯，要孩子克服马虎的毛病，需要家长的指导和帮助。光靠说教不行，还要靠平日里的习惯培养，久而久之，孩子也就有了自我控制的能力，把认真当成一种习惯。

重视培养孩子的观察习惯

观察力是人一生中很重要的能力。一个人的观察力如何，直接关系到他的一生，我们的孩子也是如此，因为观察力是获取信息和资料的重要途径。不会观察的孩子，是不可能拥有杰出的智慧，也不可能成就非凡的事业。

科学探索也是从观察开始的。英国物理学家法拉第曾说过："没有观察就没有科学，科学发现诞生于仔细的观察之中。"生活中，人们都会观察到"母鸡孵出小鸡"这一现象，可是，如果没有人去思考，像"发明大王"爱迪生那样去孵小鸡，我们今天会用到电热孵化器吗？如果瓦特没有积极思考水壶盖为什么会被顶起，又怎么能发明蒸汽机呢？牛顿若不是观察到落地的苹果，就不会发现万有引力定律，从而对人类科学做出巨大贡献。

因此，作为父母，我们也要培养孩子成为生活的有心人，在生活中有意识地培养他们的观察力。

10岁的亮亮是个很聪明的四年级学生，他对周围的事都充满了好奇。生活中，他总是喜欢问爸爸妈妈"为什么"，后来，被他问烦的爸爸妈妈就对他说："如果你不明白，你就自己去求证，这样不是更有意思吗？"亮亮点了点头，他觉得爸爸妈妈的话很有道理。

有一次，亮亮的脚趾上长了一个疮。周末的时候，爸爸带着他去医院清洗伤口，他看到医生用一瓶透明的液体擦在自己的脚上，很快，他发现，脚趾上居然冒泡泡了，亮亮感到很奇怪，就问医生："这是什么东西啊？好像不是酒精。"

"你怎么知道不是酒精？"医生问。

"酒精有味道嘛。"

"挺聪明的小孩。"医生对亮亮爸爸说。

就在亮亮准备和爸爸一起回家时，天突然打雷下起雨来，过了会儿，还闪电。亮亮又感到奇怪，为什么先看到闪电，再听到雷声呢？短短一个周末，已经出现了好几个问题困扰亮亮。

回家后，亮亮赶紧上网查资料，那种冒泡泡的物质是什么？雷声和闪电出现的时间为什么不一样？终于，他得到答案，消毒用的是双氧水，之所以冒泡泡是因为双氧水在常温常压下容易分解成水和氧气，气泡就是氧气。而雷声在闪电后出现是因为光速比声速传播得快很多。接下来，亮亮又产生了很多疑问，什么是化学反应？氧气又是什么？雷声是怎么出现的……

从那以后，亮亮对物理、化学充满了兴趣，尽管他在学校还没有接触到这两门课程，但他经常向其他高年级的同学借书来自学，现在的他已经成为班级中的"百事通"了。

可以说，良好的观察力是中小学生智力发展的重要条件。然而，每个孩子观察力不是自然而然形成的，它需要经过长期的观察实践和观察训练。然而，真正观察力的获得是需要运用思维的力量的，不动脑的观察也是无效用的。

生活中，我们要有意识地培养孩子，告诫他们注意留心身边的一事一物。还应该认识到的是，人的眼睛所看到的事物往往是表象，具有不真实性。为此，你必须在观察前和观察后都要进行一番信息搜集的工作，有目的、有计划的观察活动才是真实有效的、准确率高的观察。

然而，对孩子观察力的训练并不是毫无章法的，为此，家长可以从以下五个方面入手。

1. 告诉孩子要明确观察目的，提高观察责任心

生活中，人们做任何事、说任何话都是有目的的。在观察的过程中，孩子只有带着目的进行观察才能提高责任心，才会对自己的观察力提出较高的要求，从而提高观察力。

明确观察目的，包含两层意思：

第一层是认识到观察力的重要性，认清观察对自身职能发展的好处；第二层是在观察事物要有明确的目的，即观察什么、为什么观察。

比如，在家中，你可以找出一件工艺品，让孩子观察其颜色、形状、大小、用途、特点等，在观察的过程中，你还可以让孩子边观察边用语言描述。

2. 帮助孩子明确观察对象，制订观察计划

这样就可以让孩子将观察力指向与集中到要观察的对象上，并按部就班，从容观察，从而有助于其提高观察力。

第10章
习惯真的很重要——培养孩子良好的学习习惯

比如,你可以让孩子学会种一盆花,然后每天观察其变化,还可以写观察日记。这样的观察活动,孩子既有兴趣,又有丰富的内容,效果很好。

另外,也可以让孩子自己学会煮饭,如多少米,怎么淘,放多少水,大火烧多长时间,小火焖多长时间。先是让孩子观察父母怎样做,然后自己一边学着做,一边观察。既学会了做饭,也提高了观察力。

3. 告诫孩子观察时要全神贯注,聚精会神

注意性是观察力的重要品格之一。只有提高专注力,对观察对象全神贯注,才能做到观察全面具体,才能收集到对象活动的细节。

4. 培养孩子浓厚的兴趣和好奇心

兴趣和好奇心是提高观察力的重要条件。孩子具有好奇心,对其观察的对象有浓厚的兴趣,他就会坚持长期持久的观察而不感到厌倦,从而提高观察力。

5. 传授给孩子良好的观察方法

不懂得观察的方法,这样的观察是不会发现什么的,对学习也不会带来益处;相反,却会浪费时间,影响工作效率。因此观察事物必须掌握不同的方法。

常用的观察方法有:全面观察和重点观察;在自然状态下观察和实验中观察;长期观察、短期观察和定期观察;正面观

察和侧面观察；直接观察和间接观察；解剖（或分解）观察，比较观察；有记录观察和无记录观察，等等。观察不同的对象，出于不同的目的，应事先考虑用什么样的观察方法。有时候，需要几种方法配合使用。

总之，观察事物是为了认识事物，感知是认识的第一步。而我们培养和提高孩子的观察力也是一个循序渐进的过程，父母不可操之过急。

别让懒散成为孩子成长路上的绊脚石

"现在的孩子知识面广，脑子灵，就是有点'懒'"，这是很多家长对孩子的评价。当然，孩子懒散的原因是多方面的，但主要是因为现代社会家长对孩子的娇宠，在衣来伸手、饭来张口的家庭生活中，孩子缺乏劳动习惯而变得懒散，久而久之，导致动手能力差，做事缺乏毅力和耐力。而孩子作为社会的接班人，必须发挥先辈们艰苦奋斗的作风，不能让懒散成为成长的绊脚石，这就告诉家长，要培养孩子做事肯钻研，不怕苦、怕烦的好习惯。

教育就是培养习惯，好的习惯成就好的性格，良好的行为习惯要从小培养，你若不想自己的孩子成为"小霸王""小懒虫""小磨蹭"明智的做法是不做"有求必应"的父母。

生活中懒散的孩子可不少，懒惰是孩子学习乃至生活中的天敌。懒散会导致孩子抗压力差的性格缺陷，给以后的学习和生活带来很多困难；懒惰的孩子喜欢成天闲荡，听课精神不振，不做作业也不温习功课。那么，作为父母，该怎样帮孩子改掉懒散行为呢？

1. 帮助孩子合理安排时间

懒惰常常与生活散漫分不开。养成有规律的生活节奏是矫治懒惰习性的第一步。日常生活井然有序的人，做事就不会拖拖拉拉、疲疲沓沓。

2. 学习上，激发孩子的学习兴趣

兴趣是勤奋的动力，一个人对某项事物产生了兴趣，便会积极主动地投入，消除怠惰。有位同学原来对课本学习不感兴趣，上课随便讲话，做小动作。班主任老师在一次家访中，发现了他爱饲养小动物。于是老师有意让他参加生物兴趣小组，并委托他饲养生物实验室的金鱼。由于他的兴趣得到合理引导，使得他不仅在课外活动中主动积极，而且生物课学习也表现得十分认真。

3. 让孩子独立解决问题

依赖性是懒惰的附庸，而要克服依赖性，就要在多种场合提倡自己的事情自己做。家长不要做孩子的贴身丫鬟，面对懒散、抗压力差的孩子最好的方法是不要为他们做得太多，安排好所有的事情其实是害了他，让他自己面对生活必需的事情。比如，独立地解一道数学题，独立准备一段演讲词，独立地与别人打交道等。

4. 培养孩子的自理能力

自理自立能力对孩子自我意识和独立人格形成有重要影响。不少孩子对家长都有很大的依赖性。如何让孩子克服这种依赖性呢？

（1）家长要根据孩子所处的年龄段，来教会孩子不同的自理本事，如果孩子表现得不好或者笨拙的话，家长一定要有耐心，不可随意批评，否则会打消孩子的积极性。

（2）在孩子能力范围内的事情，让孩子自己去做，家长不要凡事都代劳，家长还应教会孩子一些应急处理方法。

（3）孩子不知道如何处理某件事时，家长不要立即协助，而应尽量引导和鼓励他，帮助他找到困难的地方，并从一旁协助其解决问题，进而帮助孩子提升解决问题的自信心。

5. 不回避挫折

生活是最好的老师，逆境中学到的东西往往比顺境时多，家长帮孩子回避挫折，就让孩子失去了学习的机会，他将来要花更大的代价去补习。

6. 培养孩子勤奋作风

学习懒惰是一种不良的行为习惯，也反映了一个人对生活对学习的一种态度和观念。所以，要帮助孩子认识到勤奋是人不可缺少的美德。勤奋可以改进孩子的学业，勤奋的人比懒惰的人有更多的人生乐趣。

7. 让孩子加强体育锻炼，让孩子保持情绪上和体力上的活力，克服懒散习惯

有些孩子学习懒惰是因身体虚弱或疾病，致使身体容易疲乏，学习难以投入。应鼓励这些孩子多多参加体育活动，加强营养或积极治疗，以增强体质，增强生命的活力。

一位母亲说："我可以用很懒散来形容儿子。他睡瘾很大，白天也爱睡，书看不到半小时，他就开始打瞌睡。想让他帮忙做点事，我还没开口，他先喊累，没有小孩子应有的朝气。我认为他之所以懒散，是因为缺乏活力。于是，我先帮他采取'分段学习'法，学习半小时休息十分钟，背英语课文也一样，背两段休息一会儿。复习迎考时，我与他用问答方式整理资料，避免他一个人学习时打瞌睡。做完作业，我会赶他下楼和他踢足球、打羽毛球，使他保持活力。坚持的结果是：儿子在中考中取得了意想不到的好成绩，考上了重点高中。他尝到了甜头，情绪很高，对未来也信心十足。"

8. 做孩子的坚强后盾

鼓励孩子学会处理自己的事情，当遇到挫折时，告诉他"无论发生什么事，我都会在你身边"。比如：

（1）多用三个字的"好话"：好可爱！好极了！好主意！好多了！真好呀！做得好！非常好！恭喜你！了不起！很不错！太棒了！

（2）多用四个字的"好话"：太奇妙了！真是杰作！那就对了！多美妙啊！我好爱你！继续保持！你很能干！做得漂亮！

（3）多用五个字的"好话"：做得好极了！继续试试看！真令人惊讶！真令人感激！真的谢谢你！你办得到的！你帮得很对！你真的可爱！你走对路了！

家长要明白，懒惰的原因是多种多样的，家长要根据不同的起因灵活采用不同的纠正方法。另外，懒惰是一种不良的行为习惯，"冰冻三尺，非一日之寒"，所以，孩子懒惰行为不是一朝一夕就能改变的，家长要鼓励孩子持之以恒，这样才能改正懒惰的行为，为孩子适应未来激烈的社会竞争做准备！

重视培养孩子的行动力

在日常生活中，会有这样的现象：当我们的孩子进入学校后，他们会给自己设定一个宏伟的目标，刚开始很有干劲地迈出了几步，但执行不了几天又回复到了原状；也有时听一场受启发的知识讲座，非常激动，于是踌躇满志立下计划，下决心改变自己，然而现实突然有了一些急事，中断了计划，过些时间再也找不到那热劲了。孩子虎头蛇尾，说话不算数，是因为孩子没有行动力。行动力是指一个人根据自己设定的目标，克服外在一切阻碍，战胜自身惰性等负面心理做出实际行动的能力。说到底，行动力就是心劲，做事情是虎头蛇尾还是有始有终，是苦尽甘来还是虚度年华，体现着一个人内心的力量。

言行一致是做事做人的基本准则。言行一致是现代社会生活中每个人的立身之本，是高尚的人格要求。守信的人也是品德良好的人，他们能在约定好的条件下，做到言必行，行必果，因为他们遵守承诺值得信赖，所以是人们信任和求助的对象。懂得守信的人，也是懂得尊重自己的人。反之，总开"空头支票"的人，再三失信，必然会引起别人的不满，让人对你失去信任。

周末的早上，彤彤又开始睡懒觉了，而事实上，她和妈妈是决定好的,要一起去晨练,这个"重大的决定"是在小学毕业放暑假时就做出的。可每到周末的早上,当六点钟的闹钟响起的时候,她还是照样关掉了闹钟,继续睡懒觉。

"彤彤,起来了,妈妈都准备好了。"妈妈已经开始催她了。

"您让我再睡会儿吧,八点吧,八点我就起床!"彤彤在被窝里挣扎着,希望得到妈妈的特许。

"不行,闹钟都响了三遍了,我们上个星期都约好了,你不会说话不算数吧!"

"怎么会呢?我立马起床!"彤彤听到妈妈这么说,好像不起床都不行了,于是,她立刻穿上衣服,和妈妈一起出门了。

彤彤和妈妈一起锻炼了一会儿以后,妈妈对彤彤说:"彤彤啊,虽然你现在的主要任务是学习,但是行动力也是在生活中逐渐培养的,不管做什么事情,既然决定了,就一定要努力做到,否则,将一事无成,你明白妈妈说的话吗?"

"我明白了,妈妈,以后,不管做什么事,一旦决定了,我一定努力做好!"

父母要让孩子明白,失败者往往是语言的巨人,行动的矮子。他们虽然想法很多,但总是不见其行动;或者他们武断地认为某件事根本不可能有结果,或者说行动的时候还没有来临。一幅不论多么精确的地图,也不可能带着人在地面上移动半步;任何成功秘诀也无法给人带来真正的成功或是财富。一个人只有行动起来,才能使梦想和目标具有现实意义。正如俄国作家克雷洛夫所说的:"现实是此岸,理想是彼岸,中间有湍急的河水,行动则是架在河上的桥梁。"

孩子毕竟还小,他们的想法很天真,对梦想和计划总是充满着幻想,但正因为如此,他们很容易放弃,对此,父母一定要给予鼓励和引导,让孩子具备行动力。那么,作为家长,应该怎么做呢?

1. 转变观念,孩子的行动力需培养而不能任其自然

很多家长认为,孩子上了学,交给学校管理就行,只要孩子好好学习就万事大吉了,树大自然直,将来要是有出息,更好,将来有福享;不成器,也随他去,这完全是一种不负责任的态度。也有另外一类家长,只想一巴掌拍下去就搞定,而不想通过悉心教诲、循循诱导而实现,毕竟那样做太费事了,这更是一种不负责任的态度,谁都知道"无规矩不成方圆",孩子的行为习惯岂能放任自留?

因此,作为家长,要让孩子具备行动力,拥有高情商,首先要转变观念,不要再对孩子的行为放任不管了。从现在起,树立自己的责任心,跟上孩子的成长。

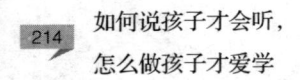

2. 以身示范，从自我做起，做孩子的行为导师

马克思说："你可以用各种行之有效的方法去影响孩子，可最好的方式还是你的行动。"所以我们在教育孩子时，不能光靠嘴上说，更重要的是要用实际行动影响孩子，特别是对习惯的培养。榜样的力量非常大。生活中，有些家长，和孩子培养习惯也是一样，行动了几天，虎头蛇尾，没有了结果。但随着孩子慢慢长大，又开始埋怨孩子，说话不算数，说到做不到，那么作为家长自己是否做到了言必行，行必果呢？有行动力的家长才能培养出有行动力的孩子，如果自己不是一个身体力行的家长，如何能教出一个说到做到的孩子呢？总之，要想让孩子成为怎样的人，我们自己先得是那样的人，你就是孩子成长的活教材。我们的信心，会给孩子以自信；我们的乐观，会给孩子以向上；我们的行动，会给孩子以力量！

3. 将孩子的行动力培养成为一种良好的习惯，这才会产生久远的影响力和教育效果

行动是成功的阶梯，行动得越多，登得越高。任何一种良好的行为成为一种习惯后，都会让孩子受益终身，行动力的培养同样如此，孩子"三天打鱼，两天晒网"，还是因为他没有把坚持到底当成一种习惯。可见，培养孩子的行动力并非一日之功，需要父母长期坚持，从生活中的小事培养。量的积累，一定能达到质的飞跃，如果孩子的行动力不是很强，可以通过

行动量的积累以提升他的行动力。

真正的成功人士一般都是行动家,而不是一个空想家。与成功者相比,失败者缺乏的就是行动。因为没有行动,所有的梦想都只能是空想。

总之,作为家长,我们应该让孩子知道,完美的计划只是一个开始,一切事件的成功最终还是要回到行动上来。只有计划而没有行动,计划就是空想;唯有行动才可以改变命运,一万个空洞的幻想也不如一个实际的行动。

参考文献

[1]玛兹丽施. 如何说孩子才会听 怎么听孩子才肯说[M]. 安燕玲, 译. 北京: 中央编译出版社, 2016.

[2]袁超, 陈文琴. 如何做孩子爱学习[M]. 上海: 华东师范大学出版社, 2018.

[3]法伯, 伊莱恩·玛兹丽施, 等. 如何说孩子才肯学[M]. 霍雨佳, 译. 北京: 中央编译出版社, 2013.

[4]鲁鹏程. 孩子不爱学习, 妈妈怎么办[M]. 北京: 北京理工大学出版社, 2016.

[5]尼尔森. 正面管教[M]. 王冰, 译. 北京: 北京联合出版公司, 2016.